Wichtige Wendepunkte

Pivotal Turns

Beihefte zur Ökumenischen Rundschau Nr. 98

Wichtige Wendepunkte

Pivotal Turns

Verändernde und sich ändernde Traditionen in Zeiten des Umbruchs

Transforming Traditions in Times of Transition

Herausgegeben von | Edited by
Elod Hodossy-Takács und | and Leo J. Koffeman

EVANGELISCHE VERLAGSANSTALT
Leipzig

Bibliographische Information der Deutschen Nationalbibliothek
Die Deutsche Nationalbibliothek verzeichnet diese Publikation in der Deutschen Nationalbibliographie; detaillierte bibliographische Daten sind im Internet über http://dnb.dnb.de abrufbar.

Printed in Germany · H 7760

Das Buch wurde auf alterungsbeständigem Papier gedruckt.

Cover: Kai-Michael Gustmann, Leipzig
Satz: Gerard van Zanden, Pesse/Niederlande
Druck und Binden: Hubert & Co., Göttingen

ISBN 978-3-374-03871-8
www.eva-leipzig.de

Inhalt

Elod Hodossy-Takács & Leo J. Koffeman

Wichtige Wendepunkte – Pivotal Turns

Ein Rückblick

In einer spezialen Konferenz begegnen sich seit 1998 jedes zweite Jahr die protestantischen Vertreter einer Reihe mittelsüdosteuropäischer und niederländischer theologischer Fakultäten. Das eine Mal lädt eine niederländische Fakultät ein (Kampen 1998, Groningen 2002, Leiden 2006, Apeldoorn 2010), das andere Mal eine Fakultät aus Mittel- oder Ost-Europa (Cluj/Kolozsvár/Klausenburg 2000, Bratislava 2004, Prag 2008).[1]

[1] Auch die wichtigsten Beiträge der früheren Konferenzen wurden publiziert:
- Kampen 1998: E. Noort (Hrsg.), *Geschichte und Geschichtlichkeit in Theologie und Glaubensgemeinschaft*, (Theologie zwischen Ost und West, Band 1), Groningen: Rijksuniversiteit Groningen 2000.
- Cluj/Kolozsvár/Klausenburg 2000: E. Noort, M. Popovic (Hrsg.), *Hoffnung für die Zukunft. Modelle eschatologischen und apokalyptischen Denkens*, (Theologie zwischen Ost und West, Band 2), Groningen: Rijksuniversiteit Groningen 2001.
- Groningen 2002: E. Noort (Hrsg.), *Religion und Normativität. Interdisziplinäre Überlegungen zum Dekalog damals und jetzt*, (Theologie zwischen Ost und West, Band 3), Groningen: Rijksuniversiteit Groningen 2004.
- Bratislava 2004: E. Noort, W. Wischmeyer (Hrsg.), *Europa, Minderheiten und die Globalisierung. Theologische Überlegungen zu der sich erweiternden Welt*, (Theologie zwischen Ost und West, Band 4), Groningen: Rijksuniversiteit Groningen 2006.
- Leiden 2006: H. de Roest, W. Wischmeyer (Hrsg.), *Heiliger Text. Die identitätsbildende Funktion klassischer Texte innerhalb einer Gemeinschaft*, (Theologie zwischen Ost und West, Band 5), Groningen: Rijksuniversiteit Groningen 2007.
- Prag 2008: L.J. Koffeman (Hrsg.), *Christliche Traditionen zwischen Katholizität und Partikularität*, (Beiheft zur Ökumenischen Rundschau, Band 85), Frankfurt am Main: Lembeck 2009.
- Apeldoorn 2010: G. den Hertog, J. Roskovec (Hrsg.), *Familie: Verwandtschaft die den Unterschied macht*, (Beiheft zur Ökumenischen Rundschau, Band 92), Leipzig: Evangelische Verlagsanstalt 2012.

Bei diesen Konferenzen erwartet die Leitung von den Teilnehmern eine zumindest passive Beherrschung der deutschen und englischen Sprache.

Im ungarischen Debrecen fand vom 25. bis zum 29. April 2012 die achte Konferenz statt. Wie immer beteiligten sich neben Professoren und anderen Wissenschaftlern, auch Studenten aus den verschiedenen Fakultäten. Wie jedes Mal ging es um eine bewusst multidisziplinäre Konferenz. Das Thema lautete: *Wendepunkte: Verändernde und sich ändernde Traditionen in Zeiten des Umbruchs* (der englische Titel war: *Pivotal Turns: Transforming Traditions in Times of Transition*) und ermöglichte es, biblisch-theologische und kirchenhistorische Studien ebenso Raum zu geben, als auch systematisch-theologische, praktisch-theologische und verwandte Beiträge ins Programm aufzunehmen.

Aus den Beiträgen selektierten der Konferenzvorsitzende Elod Hodossy-Takács (Debrecen) und der Herausgeber Leo J. Koffeman (Amsterdam) elf Artikel für diesen Band. Sie wählten die Beiträge nicht nur hinsichtlich ihrer wissenschaftlichen Qualität aus, sondern es spielte auch eine gewisse Differenzierung nach theologischen Disziplinen und nach dem Kontext eine Rolle bei der vorliegenden Auswahl um dem Leser ein möglichst weites Spektrum anzubieten. Die Beiträge wurden in der Sprache aufgenommen, in welcher sie vorgetragen wurden. Über die Jahre hinweg merkte der Herausgeber dabei, dass die englische Sprache immer mehr bevorzugt wurde: dieses Mal wurden nur zwei der selektierten Lesungen in Deutsch vorgetragen.

Im Folgenden wird weder eine Zusammenfassung dieses Buches, noch des Ertrages der ganzen Konferenz beabsichtigt. Der Herausgeber möchte mit dem jetzt anschließenden kurzen Rückblick auf die Konferenz lediglich eine Lesehilfe als Einleitung zu diesem Band anbieten.

Pivotal Turns—Wichtige Wendepunkte: Verändernde und sich ändernde Traditionen in Zeiten des Umbruchs. Ist es möglich unter dem Nenner eines solch breiten Themas relevante Beiträge zusammenzubringen? Es ist klar, dass es in biblischen Zeiten, wie in der Kirchengeschichte deutlich wird, oftmals Momente gab, wo sich alles zu ändern schien und wo dies selbst theologische Positionen tiefgehend beeinflusste und veränderte. Aber die Kardinalfrage bleibt, was denn solche Veränderungen zu Wendepunkten werden lässt? Was ist der Unterscheid zwischen einer neuen Stimme, dem Hervortreten eines revolutionären Gedankens und einer als Wendepunkt gekennzeichneten Veränderung?

Im Bereich der biblischen Studien finden wir in diesem Band einige Beiträge zu ganz konkreten Fällen. Zoltán Kustár schaut sich den Festkalender des alten Israels an. Die sich darauf beziehenden Traditionen im Alten Testament änderten sich im Laufe der Jahrhunderten beachtlich; besonders das Passah, das sogenannte Frühlingsfest bekam neue Bedeutungen und einen reichen theologischen Sinn. Nachdem Kustár den ursprünglichen Passahkalender analysiert hat, gibt er eine detaillierte Beschreibung der Reformen von König Josiah im 7. Jahrhundert vor Christus und sieht diese Veränderung als erfolgreich an, was wiederum theologische Konsequenzen mit sich bringt!

Csaba Balogh sieht die prophetischen Überlieferungen aus vergleichbarer Sicht: seines Erachtens wurden die Urteilsprophetien über das Reich Judah in den prophetischen Büchern uminterpretiert. Manchmal wurde diese neue Interpretation einfach den früheren Materialien hinzugefügt, aber im Buch Habakuk sieht man eine andere Herangehensweise: Zitate aus früheren Werken werden benutzt um ein neues, unabhängiges literarisches Werk zu schaffen.

Elod Hodossy-Takács schaut sich die schriftlose Schicht in der alten israelitischen Gesellschaft an. In ländlichen, bäuerlichen Gemeinschaften existierte eine langfristige, seit Jahrhunderten bestehende Erzähltradition, die ein wunderbares Erbe des kollektiven Gedenkens erschaffen hat. Diese Geschichten und Sagen der alten Sippen und Stämme wurden nach und nach zu Traditionen des ganzen Israels—so wurde die ›panisraelitische Epik‹ geboren. Hier sieht man verschiedene, wichtige Wendepunkte: es gibt die Transformation der individuellen Geschichten, aber auch die Wende von der mündlichen Überlieferung hin zur schriftstellerischen Aktivität.

Neutestamentler Jan Roskovec hielt ebenfalls eine biblische Vorlesung. Er deutet drei zentrale Themen im frühen Christentum an, bei denen man von Wendepunkten sprechen kann: das Osterereignis, die Aussendung in die heidnische Welt, und das tragische Ende der jüdisch-palästinischen Identität als Folge des Krieges gegen Rom und der Zerstörung des Tempels in Jerusalem (70 n.Chr.). Alle diese Wendepunkte spiegeln sich auf verschiedenste Weise im Neuen Testament wider, genauer werden sie im Markusevangelium und in den Paulusbriefen beschrieben. Dabei ist besonders interessant, wie die Wendepunkte im Johannesevangelium eine neue Bedeutung bekommen. Innerhalb des neutestamentlichen Kanons und binnen eines Jahrhunderts entstanden neue Deutungen der Überlieferungen, die die Gemeinschaft transformiert haben: man könnte sagen, dass Johannes versucht hat die früheren Vorstellungen zu substituieren. Das ist wirklich eine wichtige Wende. In diesem Kontext soll auch der Beitrag von Eliska Havelkova genannt werden. Ihre Bemerkungen erinnern uns an die Notwendigkeit ritueller Reinheit, die eine zentrale Sache im Judentum zur Zeit des zweiten Tempels, als auch unter den ersten Christen war. Allerdings ging diese Tradition unter den Jüngern Jesu, wahrscheinlich als Folge der sich ändernden politischen Lage in 70 n.Chr., verloren. Der Verlust des Tempels und die eintretende Entfremdung zwischen jüdischen und christlichen Gemeinschaften schuf einen neuen Kontext; dennoch sind einige leise Andeutungen des alten Verstehens der Reinheit im Taufritual bewahrt geblieben.

In diesem Band sind auch zwei kirchengeschichtliche Beiträge aufgenommen. Gert Van Klinken konzentriert sich auf die kleine Gemeinschaft des Dorfes Ter Apel in den Niederlanden. Er zeigt auf, wie die Trennung von Kirche und Staat am Ende des 18. Jahrhunderts lebendige Diskussionen, nicht nur in akademischen Kreisen, sondern auch in solchen kleinen dörflichen Gemeinschaften wie Ter Apel anregte. Dies führte besonders im Bereich der Spiritualität der liberalen Protestanten zu bemerkenswerten Veränderungen. Der Beitrag von Joke Spaans bezieht sich auf das 17. Jahrhundert. Um 1700 waren Theologie und religiöse Praxis eng verknüpft; dennoch vertraten beide Richtungen zwei unterschiedliche Welten, die erste den Bereich der akademischen Wissenschaft, die zweite den Bereich des alltäglichen Lebens der Kirchenmitglieder. Kirchenzucht, wie sie auf lokaler Ebene stattfand, kann als der Begegnungspunkt beider Bereiche betrachtet werden. Erst in der Mitte des 18. Jahrhunderts kam es zu einer wichtigen Veränderung bezüglich der Machtverhältnisse: der Pfarrer verlor seine Autorität und Vorrangstellung gegenüber den Gemeindemitgliedern, was ebenfalls zu Veränderungen in der Praxis der Kirchenzucht führte.

Der Artikel von Leo Koffeman weist eine enge Beziehung zu den vorangegangenen kirchengeschichtlichen Beiträgen auf. Da das Kirchenrecht Zentralthema seiner Forschung ist, präsentiert er eine Fallstudie zur Vereinigung der drei Kirchen—die Niederländische Reformierte Kirche, die Reformierten Kirchen in den Niederlanden und die Evangelisch-Lutherische Kirche im Königreich der Niederlanden—in die Protestantische Kirche in den Niederlanden, die 2004 stattfand. Besonders in der Beziehung beider reformierter Denominationen zeigt sich die Fähigkeit der gesamten *konfessionellen* Tradition um die unterschiedlichen *kirchlichen* Traditionen zu transformieren. Kirchliche Traditionen können aber trotz ihrer identitätsstiftenden Kraft, Übergänge auch verzögern oder gerade blockieren. Wie aber können wir die Rolle der Tradition als solche innerhalb der reformierten Welt sehen? Wim van Vlastuin zeigt wie auch Calvin mit seiner Art und Weise der Schriftauslegung gleichwohl traditionelle Interpretationsweisen berücksichtigt. Er betont das *sola scriptura*, aber später wird das Heranziehen der Tradition ebenfalls theologisch legitimiert. Dieser Beitrag erinnert heutige Theologen an den Wert der ›kumulativen

Weisheit‹ und die Verantwortung gegenüber früheren Generationen erst einmal verstehen zu lernen bevor man über theologischen Innovationen nachdenkt.

Der vorletzte Beitrag von Petr Jandejsek, bezieht sich auf die Befreiungstheologie der sechziger Jahre des 20. Jahrhunderts, und behandelt vor allem das Denken Jon Sobrinos, einem in Barcelona geborenen Jesuiten, der in den fünfziger Jahren unter den Armen in El Salvador gearbeitet hat. Seine Theologie wurde in der römisch-katholischen Kirche erst sehr kritisch aufgenommen, aber nach einem halben Jahrhundert ist es klar, dass Sobrino wichtiger Wegbereiter in Richtung eines mehr verantwortlichen Christentums war. Man könnte sagen: Papst Franziskus zeigt heute was das konkret bedeuten kann.

Henk De Roest stellte sich Fragen aus einer philosophischen Perspektive. In den Fußstapfen von Charles Taylor und Jürgen Habermas tretend, zeigt er wichtige Übereinstimmungen und Unterschiede zwischen religiösen und säkularen Weltanschauungen. Kulturelle Überlieferungen werden durch Kritik lebendig gehalten, so sein einstimmendes Fazit mit Habermas. Für den öffentlichen Raum ist es darum von größter Bedeutung, dass es religiöse Stimmen gibt, und dass religiöse Gemeinschaften von sich hören lassen. Die Gesellschaft würde sich sonst möglicherweise den Zugang zu äußerst wichtigen Quellen der Identitätsstiftung und Sinngebung verwehren.

Verschiedene Konferenzbeiträge wurden in diesem Band nicht aufgenommen. Einige sind oder werden bald anderswo publiziert.[2] Bei der Schlussredaktion dieses Bandes haben verschiedene Personen wichtige Arbeit geleistet. Yvonne Ziel (Kampen, Niederlande) hat die deutschen Beiträge sprachlich überprüft, während Joyce Mauler (Prag, Tschechische Republik) eine gleiche Verantwortung für die englischen Artikel übernahm. Wir bedanken uns bei beiden Korrekturleserinnen recht herzlich. Gerard van Zanden (Pesse, Niederlande) kümmerte sich unterdessen mit großer Sorgfalt um die technische Realisierung des Layouts. Auch ihm sind wir für seine Arbeit sehr dankbar.

2 Prof.Dr. Henk van den Belt, ›The Vocatio in the Leiden Disputations (1597–1631): The Influence of the Arminian Controversy on the Concept of the Divine Call to Salvation‹, in: *CHRC* 92, (2012), 539–559; Dr. Rein Brouwer, ''The Simple Way'. A Practical Theology of New Monasticism', in: *Jaarboek voor liturgieonderzoek*, Band 28, Groningen/Tilburg 2012, 151–167; Prof.Dr. Heleen Zorgdrager, ›On the Fullness of Salvation: Tracking Theosis in Reformed Theology‹, in: *Journal of Reformed Theology* (Brill); wird 2014 veröffentlicht.

Die nächste Konferenz, mit dem Thema: »Die protestantischen Traditionen und die Seele Europas — The Protestant Traditions and the Soul of Europe« ist für das kommende Jahr 2014 in Amsterdam geplant. Nähere Auskünfte findet man über die Internetseite der Protestantischen theologischen Universität (Niederlande).[3]

[3] http://www.pthu.nl/actueel/nieuws/_comenius/.

Zoltán Kustár

Tradition contra Reformen

Die Umgestaltung des Passa-Festes während der deuteronomistischen Reformen unter Joschija

1 *Einführung*

Tradition, Reform, Glaubenserneuerung, Treue, Gewohnheit, neue Formen, alte Inhalte, Entwicklung, Wachstum, Restauration. Wenn man diesen Begriffen anhand des Alten Testaments nachgehen möchte, lohnt es sich, die größte Reform des alttestamentlichen Glaubens, die Reform der Deuteronomisten unter dem König Joschija unter die Lupe zu nehmen. Wir können hier das Thema in seiner Komplexität nicht behandeln. Aber wir können uns zu unserer Zielsetzung auch damit begnügen, die Umgestaltung des familiären Passas zu einem Wallfahrtsfest exemplarisch zu analysieren.

2 *Die Entstehung des Festkalenders Deut 16,1–17*

Der Kalender der drei Wallfahrtsfeste ist innerhalb des Deuteronomiums in 16,1–17 zu lesen. In den Versen 1–8 bietet der Kalender zuerst die Vorschriften für das Passa und die *Massot*, d.h. für das Fest der ungesäuerten Brote, dann in den Versen 9–12 die Vorschriften für das Wochenfest, und in den Versen 13–15 diejenigen für das Laubhüttenfest. Der Abschnitt wird mit einigen zusammenfassenden Anordnungen in den Versen 16–17 kurz abgeschlossen.

Bei der literarischen Analyse dieses Festkalenders können wir zuerst feststellen, dass wir zwei andere Kalender innerhalb des Alten Testaments besitzen, die älter als Deut 16 sind: Ex 34,18–23 und Ex 23,14–17.[1] Wenn wir diese beiden Kalender zuerst miteinander vergleichen, fällt sofort auf, dass sie in ihrem Inhalt, in ihrer Struktur und Terminologie miteinander prinzipiell identisch sind. Wenn wir damit nun Deut 16 vergleichen, sehen wir, dass sein Skelett aus einem vor-deuteronomischen, alten Festkalender gebildet ist,[2] der in seinem Inhalt und seiner Struktur, aber oft auch in seinen Einzelformulierungen dem Muster der beiden früheren Kalender folgt.[3] Doch die beiden früheren Kalender bieten ausschließlich das Massot-Fest an der ersten Stelle, während Deut 16 hier sowohl das Passa als auch die *Massot* benennt. Offensichtlich bildeten also die Vorschriften für die *Massot* auch in Deut 16 die Grundschicht. Dies wird ebenfalls durch Deut 16,16f. bestätigt, der die Wallfahrtsfeste am Schluss des Kalenders nochmals auflistet, dabei aber nur die *Massot* benennt, das Passa dagegen nicht.

In der Zeit von Joschija bildete dieser Festkalender schon den Bestandteil des Gesetzbuches und wurde stark, man könnte sagen: radikal umgearbeitet, um seinen Inhalt mit den Forderungen der deuteronomischen Reformen in Einklang zu bringen.[4]

1 So G. von Rad, *Das fünfte Buch Mose* (ATD 8; Göttingen, 1983), 79; J. Halbe, *Das Privilegrecht Jahwes. Ex 34,10–26. Gestalt und Wesen, Herkunft und Wirken in vordeuteronomischer Zeit* (FRLANT 114; Göttingen, 1975); J. Halbe, ›Erwägungen zu Ursprung und Wesen des Massotfestes‹, *ZAW* 87 (1975), 324–346, 325; E. Nielsen, *Deuteronomium* (HAT I/6; Tübingen, 1995), 169; R.E. Clements, ›The Book of Deuteronomy‹, in: L.E. Keck, *et al.* (eds), *The New Interpreter's Bible* II (Nashville, 1998), 269–538, 411; R.D. Nelson, *Deuteronomy. A Commentary* (OTL; Louisville/London, 2002), 203, und zu Ex 23,14–17 auch T. Veijola, *Das 5. Buch Mose. Deuteronomium. Kapitel 1,1–16,17* (ATD 8,1; Göttingen, 2004), 329, der allerdings Ex 34,18–25 hinter Deut 16 datiert, siehe Veijola, *Deuteronomium*, Anm. 1186. Der Kalender in Lev 23 ist eindeutig jünger als Deut 16, siehe A. Cholewinski, *Heiligkeitsgesetz und Deuteronomium. Eine vergleichende Studie* (AnBib 66; Rom, 1976), 179–216, und das gleiche gilt auch für den späten, priesterlichen Kalender in Num 28–29.

2 Zu dessen Rekonstruktion siehe grundsätzlich Nielsen, *Deuteronomium*, 166f.169f., zu 1–8. vgl. noch J. Halbe, ›Passa-Massot im deuteronomischen Festkalender. Komposition, Entstehung und Programm von Dtn 16,1–8‹, *ZAW* 87 (1975), 147–168, 155–158.

3 Offensichtlich besteht zwischen den beiden Festkalendern eine literarische Abhängigkeit, siehe über Ex 23 Nelson, *Deuteronomy*, 205f., über die beiden Kalendern Clements, *Deuteronomy*, 411.

4 Zu den theologischen Änderungen der Deuteronomisten am Kalender siehe B.M. Levinson, *Deuteronomy and the Hermeneutics of Legal Innovation* (New York/Oxford, 1997), zur Umgrenzung der Texte der Josianischen Redaktion so

Erstens haben die Deuteronomisten die Kultzentralisation auch bei den Wallfahrtsfesten durchgeführt, und bei allen drei Festen stark betont, dass man sie allein an dem einzig legitimen Kult-Ort, den YHWH auswählt, feiern darf. In diesem Zusammenhang haben sie das Passa in die Reihe der Wallfahrtsfeste eingefügt—über die Gründe und die Art dieses Prozesses wird später noch ausführlicher die Rede sein.

Eine zweite, wichtige Änderung der Deuteronomisten bestand darin, dass sie die Wallfahrtfeste betont mit dem Herrn, dem Gott Israels in Zusammenhang brachten. Dies fällt besonders bei dem zweiten und dritten Fest ins Auge. Die beiden, vordeuteronomischen Kalender haben diese Agrarfeste noch nicht historisiert, ja, in der Formulierung nicht einmal mit YHWH direkt in Beziehung gesetzt. Demgegenüber hebt Deut 16 mit Nachdruck hervor, dass diese Feste dem Herrn zu widmen seien. Dies wird bei allen drei Festen mit der Formel ›der Herr, dein Gott‹ ausgedrückt, die in dieser Schicht des Kalenders nicht weniger als 11-mal vorkommt und die anscheinend von den Deuteronomisten selbst gebildet wurde.[5] Im Hintergrund können wir eine Polemik gegenüber den kanaanäischen Fruchtbarkeitsgöttern vermuten: Es ist YHWH, nicht aber irgendein anderer Gott, der sein Volk mit Getreide, Obst und Weintrauben segnet. Es ist gut verständlich, dass die Deuteronomisten gerade die Agrarfeste, die am stärksten dem Einfluss der kanaanäischen Fruchtbarkeitskulte ausgesetzt waren, zu einer Art *status confessionis* gemacht haben.[6]

Drittens haben die Deuteronomisten das Wesen der Wallfahrtsfeste in der Freude vor dem Herrn bestimmt: dieses, aus dem Herzen hervorkommende Dankbarkeitsgefühl soll das Feiern bestimmen, und nicht eine Reihe von sorgfältig abgesicherten Kultakten.[7]

Und viertens haben die Deuteronomisten mit dem sozialen Aspekt, der für sie so charakteristisch ist, die Vorschriften der Wallfahrtsfeste ergänzt und dadurch die Reform der Liturgie mit einer ›Reform der Gemeinde‹ untrennbar verbunden.[8]

grundsätzlich Nielsen, *Deuteronomium*, 166f.169f. Er selber rechnet allerdings Vers 8. zu dieser Redaktion (*Massot*), während er den damit in inhaltlichem Widerspruch stehenden Vers 7. (Passah) dem dtn. Redaktor zuschreibt.

5 G. Braulik, ›Leidensgedächtnisfeier und Freudenfest. »Volksliturgie« nach dem deuterono-mischen Festkalender (Dtn 16,1–17)‹, in: ders., *Studien zur Theologie des Deuteronomiums* (Stuttgarter Biblische Aufsatzbände 2; Stuttgart, 1988), 95–121.

6 A. Bertholet, *Deuteronomium* (KHC AT 5; Leipzig/Tübingen, 1899), 50, dann Braulik, ›Volksliturgie‹, 99f,108; ders., *Deuteronomium*, 116; M. Rose, *5. Mose. Teilband 1: 5. Mose 12–25. Einführung und Gesetze* (ZBK; Zürich, 1994), 53.

7 K. Tóth, ›Mózes ötödik könyve (Deuteronómium)‹, in: *Jubileumi Kommentár. A Szentírás magyarázata* Band I. (2. Aufl.; Budapest, 1998), 260–276, 268.

8 Zu den letzteren siehe Braulik, ›Volksliturgie‹, 113f., ders., *Deuteronomium*

An Deut 16 ist als eine dritte Schicht die Arbeit eines deuteronomistischen Redakteurs zu erkennen. Dieser Redakteur wiederholt in den Versen 5–6 den Befehl der Kultzentralisation, und bemüht sich, die Liturgie der Feste in bestimmten Detailfragen zu regulieren.[9] Dieses kultische Interesse und das Thema der Befreiung aus Ägypten binden die Zusätze 16,12 und 16,3aβ.3b zur gleichen Schicht.[10] Es ist nicht auszuschließen, dass die Zeitbestimmung ›bei Nacht‹ in Vers 1, die dem Vers offensichtlich nachträglich beigefügt wurde,[11] ebenso zu dieser Bearbeitung gehört. Und zuletzt können wir in 16,8.9a die Arbeit eines noch späteren, kultisch/priesterlich gesinnten Bearbeiters erkennen.[12] Da wir uns aber jetzt auf die Arbeit der Deuteronomisten konzentrieren, können wir diese beiden Schichten beiseite lassen.

Nach der literargeschichtlichen Analyse der Quelle wollen wir uns der Frage des Passa-Massot-Festes zuwenden!

3 *Das Massot-Fest und das Passa: Ihre Vorgeschichte*

Im Festkalender Deut 16,1–17 stehen also an der ersten Stelle jetzt miteinander eng verknüpft das Passa und das Massot-Fest, jetzt miteinander eng verknüpft.

1–16,17 (NEB 15; 3. Auflage; Würzburg, 2000), 119.

9 Als Zusatz beurteilen diese Verse Nielsen, *Deuteronomium*, 166–172; Rose, *5. Mose*, 43,46f.

10 Als Zusatz beurteilen 16,12 C. Steuernagel, *Das Deuteronomium* (GHK AT I/3; Göttingen, 1923), 112, dann Veijola, *Deuteronomium*, 339f; Rose, *5. Mose*, 55. Nielsen, *Deuteronomium*, 166–169, ordnet die beiden Abschnitte 16,5–6 und 16,12 ebenso zur gleichen literarischen Schicht. Zu 16,3aβ.3b siehe Halbe, *Passa-Massot*, 157f; Rose, *5. Mose*, 48,50. Der Zusatz stammt frühestens aus der Exilszeit, siehe Braulik, ›Volksliturgie‹, 105, Anm. 25 und 26.

11 R.P. Merendino, *Das deuteronomische Gesetz. Eine literarkritische, gattungs- und überlieferungsgeschichtliche Untersuchung zu Dt 12–26* (BBB 31; Bonn, 1969), 128.141; Veijola, *Deuteronomium*, 333f.; Rose, *5. Mose*, 43.50.

12 So zu Vers 8 schon Steuernagel, *Deuteronomium*, 112, dann auch Bertholet, *Deuteronomium*, 51; Halbe, *Ursprung und Wesen*, 342; ders., *Passa-Massot*, 148f.153.167f.; J. Blenkinsopp, ›Második Törvénykönyv‹, in: R.E. Brown, *et al.* (eds), *Jeromos Bibliakommentár. I. kötet: Az Ószövetség könyveinek magyarázata* (Budapest, 2002), 173–194, 185; Veijola, *Deuteronomium*, 336f. Zu Vers 9a siehe Steuernagel, *Deuteronomium*, 112, dann Veijola, *Deuteronomium*, 339f. Gute Argumente sprechen dafür, dass Vers 9a mit Vers 8 zur gleichen Bearbeitungsschicht gehört, siehe Veijola, *Deuteronomium*, 339f.

Die Massot, das Fest der ungesäuerten Brote ist ein altes Wallfahrtsfest, das schon in den vordeuteronomischen Festkalendern vorhanden ist, und auch dort immer an der ersten Stelle steht (siehe Ex 23,14; 34,18). Es geht um ein Agrarfest, das man während der Gersten-Ernte feierte.[13]

Die Gerste wurde in Palästina als das früheste Getreide geerntet. Im Jordan-Tal konnte man sie z.B. schon Anfang/Mitte April schneiden. Die vordeuteronomischen Kalender legen den Zeitpunkt des Festes auch auf den Monat Abib (Ex 34,18; 23,15), ohne den Tag des Monats konkret zu bestimmen. Die vordeuteronomischen Kalender weisen mit ihrer Wendung לְמוֹעֵד חֹדֶשׁ הָאָבִיב ›zur festgesetzten Zeit im Abib‹ (Ex 34,18; 23,15) wohl auf einen Datum hin, das von den Priestern der Wallfahrtsorte, entsprechend den meteorologischen Verhältnissen, von Jahr zu Jahr neu bestimmt wurde. Die Länge des Festes wurde aber schon in den früheren Festkalendern auf eine Woche festgelegt.[14]

Die wichtigste Vorschrift des Festes war, dass man vom Beginn der Ernte sieben Tage lang nur ungesäuerte Brote aus der neuen Ernte essen darf. Man wollte damit, und mit einigen, weiteren Vorkehrungen verhindern, dass die alte Ernte durch den Sauerteig mit dem neuen Getreide in Berührung kommt, und es so unrein macht. Die beiden früheren Festkalender beweisen, dass Israel dieses Ackerfest sehr früh mit dem Auszug aus Ägypten in Verbindung brachte (siehe Ex 34,18ff und Ex 23,14ff), und sich daran erinnerte, dass ihre Väter Ägypten eilig verlassen mussten.

Gegenüber dem Massot-Fest war das Passa ursprünglich kein Wallfahrtsfest: es wird in den beiden vordeuteronomischen Kalendern auch nicht erwähnt.

Nach dem früheren Konsens der Forschung hat das Passa seinen Ursprung im Nomadentum. Die Kleinviehhirten haben mit dem Blut des Passa-Lammes ihre Zelte bestrichen, bevor sie sich zum sommerlichen Weidenwechsel aufmachten, damit sie die bösen Kräfte abwehren. Das abgeschlachtete Lamm wurde dann als eine Art Schlachtopfer gemeinsam verzehrt.[15] Neuerdings bezweifelt z.B. Timo Veijola diese These, der zu einer Ansicht von Wellhausen zurückkehrt, und meint, dass eher die frühjährliche Opferung der Erstlinge im Hintergrund des Ritus stehe—wobei

[13] Zu diesem Konsens der Forscher siehe bei Halbe, *Ursprung und Wesen*, 324, Anm. 2. Anders neuerdings selber Halbe, *Ursprung und Wesen*, 325–346, besonders 434ff. Er meint anhand von Jos 5, die *maccot* sei ein genuin israelitischer Fest, welches aus einem Element des Pascha, dem Verzehren des Massot-Brotes entstanden sei, ähnlich Braulik, ›Volksliturgie‹, 103f, und Nelson, *Deuteronomy*, 208, Anm. 10.

[14] Siehe Halbe, *Ursprung und Wesen*, 335.

[15] So nach Rost (1965) viele Andere, siehe den Forschungsüberblick bei P. Laaf, *Die Pascha-Feier Israels. Eine literarkritische und überlieferungskritische Studie* (BBB 36; Bonn, 1970), 148–158.

man einen nomadischen Hintergrund keinesfalls zuvor postulieren muss.[16] Für diese These spricht, dass die Gesetzessammlungen des Alten Testaments das Passa oft in direkter Nähe zu den tierischen Erstlingsopfern behandeln,[17] so dass die spätere Historisierung des Festes das Passa-Lamm als Ersatzopfer für die Erstgeborenen der Israeliten interpretiert (vgl. Ex 12), und so auch die Tatsache, dass die Deuteronomisten das Passa gerade mit dem Massot-Fest, also mit der Darbringung der Erstlingsfrüchte der Gersten-Ernte verknüpften.[18]

Das Passa wurde nicht im Heiligtum, sondern zu Hause, im Kreise der Familie gefeiert, wobei das Familienoberhaupt das Passa-Lamm, gemäß den priesterlichen Aufgaben, schlachtete (vgl. Ex 12,21 /J/; 12,1ff /P/). Der vordeuteronomische Ex 34,25 (J) nennt das Passamahl זֶבַח, d.h. ›Opfermahl‹, aber auch in Deut 16,2 wird das Schlachten des Tieres mit dem Verb זבח ›opfern‹ bezeichnet. Es ist also offensichtlich, dass die Verzehrung des Passa-Tieres als ein Opfermahl betrachtet wurde.[19] Das Passa war ein Abendfest: das Lamm wurde ›in der Abenddämmerung‹ geopfert und verzehrt,[20] und von dem Rest des Fleisches durfte am nächsten Tag nicht mehr gegessen werden.

Wie verhielten sich die beiden Feste in der vordeuteronomischen Zeit? Früher meinte man gerne, dass das eine ein israelitisches, das andere aber ein judäisches Fest gewesen sei. Doch diese These wurde auf sehr fraglichen literarkritischen Rekonstruktionen aufgebaut und deshalb seit langem aufgegeben. Offensichtlich hat man die beiden Feste sowohl in Israel als auch in Juda parallel gefeiert: Die Massot war von Anfang an ein Wallfahrtsfest, während das Passa eine intimere, familiäre Angelegenheit war.[21] Höchstens mit Clements könnte man daran denken, dass bestimmte soziale Gruppen eher das eine oder das andere Fest bevorzugten.[22]

[16] Wellhausen, *Prolegomena zur Geschichte Israels* (6. Aufl.; Berlin/Leipzig, 1927), 85, dann Steuernagel, *Deuteronomium*, 112, und zuletzt Veijola, *Deuteronomium*, 330f. Zur Frage siehe J. Schreiner, ›Exodus 12,21–23 und das israelitische Pascha‹, in: G. Braulik (ed.), *Studien zum Pentateuch. Walter Kornfeld zum 60. Geburtstag* (Wien, 1977), 69–90.

[17] Siehe Ex 13,1–16 hinter Ex 12, den Abschnitt Ex 34,18–20 hinter Ex 34,18, sowie hier, im Deuteronomium auch den Abschnitt Deut 15,19ff. vor Deut 16,1–9.

[18] Veijola, *Deuteronomium*, 331.

[19] Demgegenüber sprechen die späteren priesterlichen Texte immer über die ›Schlachtung‹ (שׁחט) des Passah (so Ex 12,6.21), siehe Veijola, *Deuteronomium*, 331.

[20] So schon Ex 12,21f, dann Deut 16,4, und auch der nach-dtn. Ex 12,8–12,42.

[21] So entgegen Steuernagel E. König, *Das Deuteronomium* (KAT 3; Leipzig, 1917), 134.

[22] Clemets, *Deuteronomy*, 411.

In der Zeit des Königs Joschija hat die deuteronomistische Bewegung die tiefgreifendste Reform der israelitischen Religion der alttestamentlichen Zeit durchgeführt. Die Deuteronomisten haben den YHWH-Kult von den heidnischen Elementen gereinigt, und den Opferkult in einem einzigen Tempel zentralisiert (vgl. 2 Kön 22,8–23,28). Während dieser Reform haben sie die Auflösung aller Opferstätten und Tempel im Lande verordnet. Israel hatte seitdem nur einen einzigen Ort, nämlich das Heiligtum in Jerusalem, wo man Opfer darbringen konnte (siehe Deut 12). Aus dieser Zentralisierung folgte natürlich, dass auch die drei Wallfahrtsfeste nach Jerusalem umgeleitet wurden.

Anhand dieser Reform wurde die Profanisierung des häuslichen Tierschlachtens durchgeführt. Früher galt nämlich jegliche Tierschlachtung als Opferschlacht, wobei das Blut YHWH dargebracht wurde. Die Deuteronomisten haben klar gesehen, dass sie diese Schlachtungen aus technischen Gründen nicht nach Jerusalem umleiten können, weshalb sie diese ›einfach‹ aus der Sphäre des Heiligen ausklammerten und damit gleichzeitig außerhalb des Wirkungskreises der Kultzentralisation setzten (siehe Deut 12,20–28).

In den Augen der Reformer war mit der Kultzentralisation ebenso unvereinbar, dass die Familien das Passa-Lamm selbst zu Hause opferten. Sie haben sicher realistisch wahrgenommen, dass sie das Fest nicht abschaffen können. Es blieb also nur eine Möglichkeit, nämlich aus dem örtlichen Familienfest ein Wallfahrtsfest zu machen. Von nun an durfte man das Passa, wie alle andere Opferfeste, ausschließlich in Jerusalem feiern. Diese Neuerung gehörte zu den radikalsten Reformmaßnahmen der Deuteronomisten.[23]

So radikal konnten oder wollten sie jedoch nicht sein, dass sie ein viertes Wallfahrtsfest eingefügt hätten. Die Anzahl der Wallfahrtsfeste wagten später auch nicht die Redakteure des Ezechielbuches (Ez 45,18–25) mit ihren Reformideen anzutasten.[24] Aber die Deuteronomisten haben auch nicht getan, was von Rad und Veijola anhand ihrer literarkritischen Rekonstruktion vermuteten:[25] nämlich, dass sie die Massot einfach tilgten und an ihrer Stelle das Passa einfügten.

Das Verfahren der Deuteronomisten wurde vielmehr durch die Bilanzierung zwischen den Reformansprüchen und der Bindekraft der Tradition

[23] Vgl. Von Rad, *Deuteronomium*, 79.

[24] Siehe G. Xeravits, *Tanulmányok az ókori Izrael kultuszáról* (Simeon könyvek 2; Pápa, 2004), 20f.

[25] Von Rad, *Deuteronomium*, 80; Veijola, *Deuteronomium*, 331,335f.

bestimmt: Da sowohl die Massot, als auch das Passa mit den Erstlingen zusammenhingen, weil die beiden Feste annähernd in die gleiche Zeit fielen, und da auch im Passa-Ritus das ungesäuerte Brot eine bestimmte Rolle spielte,[26] zogen die Deuteronomisten die beiden Feste zusammen, indem sie das Passa auf den ersten Tag des Massot-Festes legten.

Die Massot wurde spätestens seit der Zeit des Bundesbuches an als Gedenktag an den Exodus gefeiert (siehe Ex 23,15a; 34,18).[27] Wir wissen nicht, wann das Passa mit dem Auszug aus Ägypten in Zusammenhang gebracht wurde. Wenn dies schon vor den Deuteronomisten geschah, dann bot sich dies als ein weiterer Anknüpfungspunkt zwischen den beiden Feste an.[28] Es ist aber auch möglich, ja sogar wahrscheinlicher, dass die Historisierung des Passas erst durch seine Zufügung zum Massot-Fest entstanden ist. Sie ist also gerade den Deuteronomisten zu verdanken.[29]

Die Deuteronomisten haben ihre Reformideen literarisch im Festkalender des Deuteronomiums zum Ausdruck gebracht. Sie haben eine Version des alten Festkalenders genommen. Wir sahen schon, dass dieser Kalender ursprünglich nur das Massot-Fest beinhaltete: die Deuteronomisten haben die Vorschriften des Passa-Festes in den Abschnitt über die Massot eingearbeitet.[30] Der so entstandene Text bildet die Grundschicht von Deut 16,1–8 (16,1*/ohne ›bei Nacht‹/. 2.3aα.4.7).

[26] So zur Rolle des ungesäuerten Brotes an den beiden Festen I. Karasszon, ›Ünnepi alkalmak az ókori Izraelben‹, in: Ders., *Az óizraeli vallás* (Budapest, 1994), 85–93, 88. Halbe, *Ursprung und Wesen*, 328f.339f., sieht anhand von Jos 5 als bewiesen, dass das ungesäuerte Brot von Anfang an Bestandteil des Passah-Festes war. Doch nach Braulik, ›Volksliturgie‹, 101, Anm. 18, kann der Abschnitt Jos 5,10–12 dazu den Beweis nicht erbringen.

[27] Halbe, *Privilegrecht Jahwes*, 174–176; ders., *Ursprung und Wesen*, 334; Braulik, ›Volksliturgie‹, 105.

[28] So Steuernagel, *Deuteronomium*, 112, ihm folgend dann z.B. Karasszon, *Ünnepi alkalmak*, 88 (frühe Königszeit); Braulik, ›Volksliturgie‹, 99,104; Nielsen, *Deuteronomium*, 170.

[29] So z.B. Bertholet, *Deuteronomium*, 50, dann Halbe, *Passa-Massot*, 165; Veijola, *Deuteronomium*, 331.

[30] So nach Nicolsky z.B. Merendino, *Das deuteronomische Gesetz*, 125–149; Laaf, *Die Pascha-Feier Israels*, 73ff.; Halbe, *Passa-Massot*, 154–163; Braulik, ›Volksliturgie‹, 103f.; ders., *Deuteronomium*, 117; Nielsen, *Deuteronomium*, 169f.; Rose, *5. Mose*, 42f., und vorsichtig auch Nelson, *Deuteronomy*, 205f. Merendino, *Das deuteronomische Gesetz*, 139ff., und M. Haran, *Temples and Temple-Service in Ancient Israel. An Inquiry into the Character of Cult Phenomena and the Historical Setting of the Piesterly School* (Oxford, 1978), 327–342. Die genannten Autoren datieren die Zusammenfügung der beiden Feste in die vor-dtn. Zeit—gegen diese These siehe Halbe, *Passa-Massot*, 167; Braulik, ›Volksliturgie‹, 101, Anm. 18f.

Die Struktur dieses Abschnittes ist klar: Die Vorschriften über das Passa bilden den äußeren Rahmen des chiastisch angeordneten Stoffes (1*.2–4b.7) und nennen zweimal, in beiden Gliedern des Rahmens je einmal, das Gebot der Kultzentralisation (2–7). Diese Abschnitte umrahmen die Vorschriften der Massot, die, wiederum zweimal, die Länge des Festes in sieben Tagen festlegen (3aα–4a):[31]

Die zeitliche Anordnung der beiden Festelemente ist in dieser Schicht klar: Das Passa-Tier wird am ersten Abend der Fest-Woche geschlachtet: dazu darf man nur ungesäuertes Brot essen. An den weiteren sechs Tagen dürfen die Pilger dann ebenso nur *Massot* verzehren.[32]

Die zweite Hälfte von Vers 7 fordert die Pilger auf, nach dem Passa-Abend in ihren ›Zelten‹ zurückzukehren. Das Wort ›Zelt‹ könnte hier die Unterkunft der Pilger in Jerusalem bezeichnen (vgl. Hos 12,10).[33] Dies würde bedeuten, dass am ersten Abend des Festes das Passa geopfert wurde und sich die Pilgern am nächsten Morgen aus dem Tempel in ihr Quartier zurückziehen, wo sie in der Nähe des Heiligtums, die Woche der Massot verbringen. Der Verfasser des Zusatzes von Vers 8 hat den Text offensichtlich so verstanden und hat dementsprechend ein Abschlussfest verordnet—ofensichtlich wiederum im Zentralheiligtum.[34] Das Wort ›Zelt‹ könnte allerdings auch die Wohnorte der Pilger bezeichnen. In diesem Fall ist die Aufforderung ›Du sollst zu deinen Zelten zurückgehen!‹ als eine kultische Erlassformel aufzufassen (vgl. 2 Sam 20,1; 1 Kön 8,66; 12,16): Demnach haben die Priester die Pilger am zweiten Tag des Festes nach Hause geschickt. Das Volk war also an den weiteren Tagen des Festes unterwegs und hat es dann teilweise zu Hause verbracht (siehe V. 4).[35] Nach Halbe wollten die Deuteronomisten dadurch dem Volk wieder die ganze Heilsgeschichte vergegenwärtigen: Das Passa im Heiligtum symbolisiert den Exodus, der Heimweg entspricht der Wüstenwanderung, und die Heimkehr dann der Ankunft in das Land der Verheißung als der Landnahme (vgl. Jos 5).[36]

Die Deuteronomisten haben die übliche Liste der Teilnehmer des Kultmahles und damit ihre sozialen Mahnungen in den Abschnitt des Passa-Massot-Festes nicht eingetragen. Das ist umso auffälliger, weil sie

[31] So grundsätzlich Halbe, *Passa-Massot*, 150,153f.; Nelson, *Deuteronomy*, 206f.

[32] Anders Rose, *5. Mose*, 42f,46–49,55, weil er die Verse 4b,7. zu einem späteren Redaktionsschicht zuordnet.

[33] Nielsen, *Deuteronomium*, 172; Nelson, *Deuteronomy*, 208f.

[34] Nelson, *Deuteronomy*, 209; Nielsen, *Deuteronomium*, 170.

[35] So Halbe, *Ursprung und Wesen*, 342; ders., *Passa-Massot*, 149.165; Braulik, *Deuteronomium*, 117; Veijola, *Deuteronomium*, 337, und Rose, *5. Mose*, 49f.

[36] Halbe, *Passa-Massot*, 165f, dann ihm folgend Braulik, *Deuteronomium*, 117.

weder bei den anderen Wallfahrtsfesten hier, in Kap 16,11.14, noch bei den Erstlingsfrüchten in Kap 26,5 dies nicht versäumt haben. Offensichtlich wollten sie den intimen, familiären Charakter des Passas, trotz seiner Umleitung in das zentrale Heiligtum, doch bewahren.

Ebenso fehlt hier die Aufforderung zur Freude, die bei den beiden anderen Wallfahrtsfesten eine zentrale Rolle bekommt (16,11.14.15).[37] Nach der Absicht der Deuteronomisten sollte also das Passa die beiden Feste dominieren—der gleiche Anspruch wurde auch mit der chiastischen Anordnung ihrer Beschreibung zum Ausdruck gebracht. Der landwirtschaftliche Charakter der Massot sollte zurückgedrängt werden, damit das erste Wallfahrtsfest des Jahres eher die historischen Heilstaten YHWHs als seinen Segen und seine Fürsorge in den Mittelpunkt stellt.

Da die Deuteronomisten das häusliche, familiäre Passa zu einem Wallfahrtsfest umgestaltet haben, mussten sie auch in seinem Ablauf bestimmte Änderungen durchführen, um das Fest der Opferpraxis des zentralen Heiligtums anzugleichen und es auch im Ausmaß eines Wallfahrtsfestes durchführbar zu machen.[38]

Als Passa-Tier war nach der alten Tradition nur Lamm oder Zicklein zugelassen (siehe die vorpriesterschriftliche Ex 12,21 /J/). Demgegenüber erlaubt Deut 16,2 auch ein Rind als Passa-Tier darzubringen. Die alte Tradition dringt aber in den deuteronomischen Formulierung noch immer durch: in Vers 2 steht das Wort צֹאן ›Kleinvieh‹ vorn, und das Wort בָּקָר ›Rind‹ wird erst an zweiter Stelle genannt. In den Opferlisten des Deuteronomiums ist die Reihenfolge sonst immer umgekehrt (siehe 8,13; 12,6.17.21; 14,23.26; 15,19; 32,14).[39]

Doch diese Neuerung konnte sich nicht durchsetzen. Die priesterlichen Texte beziehen die Zulassung des Rindes nicht auf das Passa-Tier, sondern auf die zentralen Opfer des Heiligtums, die am Fest dargebracht wurden. Damit bleibt die Tradition des Passa-Mahls unberührt: während des Passa-Massot-Festes wurden im Heiligtum Tieropfer dargebracht. Dazu haben die Priester auch Rinder verwendet (vgl. Lev 23,8; Ez 45,21kk),

[37] Nelson, *Deuteronomy*, 207.

[38] So grundsätzlich von Rad, *Deuteronomium*, 79f, bzw. Karasszon, *Ünnepi alkalmak*, 87; Nielsen, *Deuteronomium*, 172f, und Nelson, *Deuteronomy*, 207. Anders Steuernagel, *Deuteronomium*, 112, der meint, Deut 16 beschreibe die ältere Form der Zubereitung des Passah, die erst von den späteren, priesterlichen Vorschriften zu einem Familienfestmahl umgestaltet wurde. Ähnlich Braulik, ›Volksliturgie‹, 101f, der in Deut 16,1–7 allein das Kultzentralisationsbefehl als Neuerung der Deuteronomisten betrachtet.

[39] Nielsen, *Deuteronomium*, 171.

während die Pilger das Passa-Mahl außerhalb des Heiligtums einnahmen und dazu weiterhin nur Lamm oder Zicklein genommen haben.[40]

Eine Neuerung der Deuteronomisten war es auch, dass man das Fleisch des Passa-Opfers auch kochen durfte (16,7). Wir wissen aus der Geschichte der Söhne Elis (1Sam 2,12ff), dass die Priester das Fleisch des Schlachtopfers in den Heiligtümern in großen Kesseln kochten (ähnlich Deut 14,21; Richt 6,19–21). Das Kochen setzt bei Rindern die Zerlegung des Tieres voraus. Nach der alten Tradition sollte man aber das Tier in einem Stück behalten und ›am Feuer braten‹ (vgl. Ex 12,8f). Hier haben wiederum praktische Gründe die Deuteronomisten zur Änderungen der alten Sitten gezwungen: Im Zentralheiligtum war das Kochen von Rinderfleisch wesentlich einfacher—besonders für die große Menge der Pilger.

Später konnte sich aber auch diese Neuerung nicht durchsetzen: Die Priesterschrift annulliert sie, und schreibt in Ex 12,8f—der alten Tradition entsprechend—wiederum das Braten des Fleisches vor, ja, verbietet ausdrücklich die Zerlegung und das Kochen des Tieres. Sie verursacht damit den Übersetzer der Septuaginta und der mittelalterlichen jüdischen Exegese nicht wenig Kopfzerbrechen, ob und wie die beiden Textabschnitte der Thora miteinander in Einklang zu sehen seien.[41]

Drittens ist zu bemerken, dass erst eine spätere, deuteronomistische Bearbeitung den nächtlichen Charakter des Festes hier in Deut 16 betont (V. 1 und 6). Vielleicht hat es das Angleichen an die normale Opferordnung mit sich gebracht, dass das Passa in Jerusalem eine Zeit lang tagsüber geschlachtet und gegessen wurde, und dass deswegen der traditionelle Zeitpunkt des Mahls später wiederum—aufgrund des Traditionsdruckes—gesichert werden musste. Hier hat sich also nun wiederum die Tradition gegenüber den Neuerungen oder die Unbekümmertheit der Reformer durchgesetzt.

5 *Tradition und Reform: Zusammenfassung*

Wie lässt sich die Beziehung der Reform und der Tradition im Falle der Umgestaltung des Passa-Festes beurteilen?

[40] Zu dem Versuch der späteren priesterlichen Redaktoren, die radikalen Reformen des Deuteronomiums mit den priesterlichen Traditionen in Einklang zu bringen, siehe den kurzen Überblick von Braulik, ›Volksliturgie‹, 119.

[41] Dazu siehe Veijola, *Deuteronomium*, 335, Anm. 1221.

Die Reform der Deuteronomisten ist grundsätzlich als erfolgreich zu beurteilen. Sie haben den Anspruch der Kultzentralisation auch für das Passa zur Geltung gebracht, und haben aus dem familiären, zu Hause gefeierten Passa ein Wallfahrtsfest gemacht, das allein in Jerusalem, im einzigen legitimen Kult-Ort zu feiern war.

Diese Reform hat sich bewehrt. So hat Israel in der Zeit von Joschija das Passa gefeiert, so auch in der Zeit des zweiten Tempels und auch Jesus pilgerte nach Jerusalem, um das Passa-Mahl mit seinen Jüngern nach den Vorschriften von Deut 16 zu verzehren. In der Grundidee war diese Reform also durchaus erfolgreich.

Doch es war die Tradition, zwischen deren Grenzen sich die Reformen zu realisieren hatten. Das Passa-Fest zu streichen, oder einfach zu profanisieren, kam wegen der Beliebtheit des Festes nicht in Frage. Es blieb nur eine Lösung: die Deuteronomisten mussten aus dem häuslichen, familiären Fest ein Wallfahrtsfest machen.

Der Weg zur Durchführung dieser Idee war wiederum durch die Tradition bestimmt. Ein neues, viertes Wallfahrtsfest hätten die Deuteronomisten nicht einführen können, denn die Zahl 3 hat sich schon fest etabliert. Es wäre ebenso aussichtslos gewesen, ein Wallfahrtsfest zu streichen und es mit dem Passa zu ersetzen: dazu waren alle drei Wallfahrtsfeste schon zu stark in der Tradition verankert.

So blieb für sie nur eine Lösung übrig: sie mussten das Passa mit einem Wallfahrtsfest zusammenziehen. Sie haben richtig gesehen, dass dafür nur die Massot in Frage kommt—und sie haben diese Verknüpfung sowohl technisch wie auch ideologisch erfolgreich und für die Mehrheit der Gesellschaft überzeugend geleistet. Zu diesem Erfolg hat sicher auch die Tatsache beigetragen, dass die Deuteronomisten sich auch in bestimmten Detailfragen an die Tradition gebunden gefühlt haben und so in den Reformen bestimmte Zurückhaltung zeigten: sie haben nicht alle ihre Ideen, was sie sonst bei den Wallfahrtsfesten eingeführt haben, auf das Passa-Fest übergetragen. Sie haben versucht, den intimen, familiären Charakter des Festes so weit wie möglich auch unter dem neuen kultischen Rahmen zu bewahren.

Doch auch wenn die Grundkonzeption dieser Reform Jahrhunderte lang unangetastet bleiben konnte, hat sich die alte Tradition auf der Ebene des Ritus hartnäckig gehalten oder sich später, trotz der Vorschriften der Deuteronomisten, wieder Geltung verschafft. Man könnte formulieren: die Tradition hat in bestimmten Detailfragen die Ecken dieser Reform abgeschleift.

Das Passa-Tier blieb das Kleinvieh und in der Frage seiner Zubereitung hat die Tradition den Weg gefunden, so dass die alten Sitten trotz der

Vorschriften der Reformer ihre Gültigkeit bewahren. Ob der Weg dazu ein Kompromiss war ›jedem das zu geben, was ihm gebührt‹ oder ob die neue Vorschriften später von den priesterlichen Kreisen einfach außer Kraft gesetzt wurden, war beinahe egal: Reste des alten Weins haben den Weg in die neuen Schläuche doch gefunden.

Csaba Balogh

Survival of the Fittest

Habakkuk and the Changing Trail of the Prophetic Tradition

In Jeremiah 28, there is a dispute between the prophets Jeremiah and Hananiah over the (il)legitimacy of prophecies of salvation concerning Judah and prophecies of judgement regarding Babylon. On the eve of Jerusalem's fall to the Babylonians, the prophet Jeremiah, who proclaims judgement on Judah at the hands of Babylon, appears to be the true, genuine, canonical voice of God. While this text does not preclude the eventual authenticity of prophecies of salvation in the event that they are proven valid by being fulfilled, it nevertheless is rather strange that the book of Jeremiah ends with a collection of prophecies against the Chaldaeans. The anti-Babylonian statements in Jeremiah 50–51 are ascribed to the very same prophet who had once dismissed Hananiah for uttering similarly worded—and presumably uninspired—invectives before the people of Jerusalem.

Speaking favourably about the people of YHWH and condemning Babylon as an enemy also appears in other canonical prophecies (e.g. Isa 13–14; 21:1–10; 47). A particularly interesting case of this is the book of Habakkuk, which, in its current form, also proclaims judgement on the Chaldaeans. It apparently does this in a context where this world power is still supposed to be standing strong. Yet, when the prophecies of Jeremiah and Habakkuk are put side by side, a significant shift in the prophetic tradition—at least with respect to the line of tradition presented in Jeremiah 28:8—becomes evident. In fact, Habakkuk appears to have more in common with Hananiah's viewpoint than he does with Jeremiah's. Concluding his analysis of Habakkuk's prophecies and pointing out their intertextual allusions to the book of Jeremiah, Dominik Markl arrives at the following determination: ›Dabei verkehrt Habakuk die jeremianische Gerichtstheologie bitter ironisch zur Antitheologie, um sich mit dem provokativen Thematik der feindlichen Haltung JHWHs bei Jeremia kritisch auseinanderzusetzen.‹[1] Was Habakkuk thus a critical opponent of the Jeremianic line of tradition? Is there a place for Hananiah's voice among the canonical prophets after all? Or should we rather accept the proposal of E. Otto, R.D. Haak and others who have argued that Habakkuk is simply another example of a prophetic book which demonstrates how an originally anti-Judaean and implicitly pro-Babylonian prophecy was ultimately transformed into an anti-Babylonian text (as also happened in the book of Jeremiah)?[2] It is essential — for the history of Old Testament theology and the formation of the Hebrew canon — to clarify how, when and especially why such a shift in tradition took place and how both voices ultimately survived. How did the later authors and editors of Old Testament prophecy manage to resolve the dichotomy of judgement versus salvation?

I shall argue that from a theological point of view, the book of Habakkuk reflects a significant instance of transition during the formation of the Hebrew canon. It echoes the first stages of the process of reinterpreting ancient prophecies of judgement. As an example of a theological treatise, the book of Habakkuk is not a collection of fragmentary prophetic speeches uttered before an audience; rather, it was conceived as a well-planned literary composition from the very beginning. The theology behind the formation of the book of Habakkuk is strongly reminiscent of the editorial agenda of the redactors who undertook the daunting task of re-editing earlier collections of prophecies of judgement, such as the ones that are found in the books of Isaiah and Jeremiah, for a new generation of readers.

1 *The Origin and Structure of the Book of Habakkuk*

Simply put, in its present form, the book of Habakkuk is a literary composition proclaiming YHWH's judgement of the Chaldaeans and the deliverance of the oppressed nation of Judah. There has been some debate

[1] D. Markl, ›Hab 3 in intertextueller und kontextueller Sicht‹, *Biblica* 85 (2004), 106.

[2] E. Otto, ›Die Theologie des Buches Habakuk‹, *VT* 35 (1985), 179–181; R.D. Haak, *Habakkuk* (VTSup 44; Leiden, 1992), 151–155; I. Karasszon: ›Egy sohasem élt próféta súlyos öröksége. Habakuk-tanulmányok‹, in: *Az Ószövetség fényei. Veterotestamentica* (Budapest, 2002), 130–135.

about the date of this book and about the historical reliability of its only reference to the Babylonians, which occurs in Habakkuk 1:6.[3] However, the evidence appears to favour the analysts who locate Habakkuk in the neo-Babylonian era.[4]

The three chapters of this book can be subdivided into several blocks of text having various transition points, which are commonly recognised in studies dealing with this book. (1) Habakkuk 1:2–4 consists of a complaint by the prophet about the situation that he is witnessing in his world. He cries out to God at the sight of destruction and violence when he observes the wicked besetting the righteous. Exegetes disagree regarding whether the destruction and violence described in these verses refer to injustices committed by the Judaeans.[5] Some analysts contend that it is the foreigners who behave violently—with Judah actually being the victim.[6] The second subdivision of chapter 1—Habakkuk 1:5–11—is a divine utterance which begins rather abruptly by summoning the audience to look at the treacherous ones and be astonished by what God is doing.[7] This passage, which envisages the Chaldaeans' arrival as involving a merciless and fearful nation, is generally treated as a pericope that is independent of Habakkuk 1:1–4. The third subunit—Habakkuk 1:12–17—once again

3 Some exegetes date the prophecy of Habakkuk much later in the Hellenistic period. Cf. B. Duhm, *Das Buch Habakuk* (Tübingen, 1906); W. Herrmann, Das unerledigte Problem des Buches Habakkuk, *VT* 51 (2001), 481–496. However, Duhm's emendation of כַּשְׂדִּים in Habakkuk 1:6 to כִּתִּים, supposed by him to allude to the Greeks, is questionable (cf. 1QpHab ii 11). Similarly, Herrmann's theory that that ›Chaldaea‹ could refer to any post-Babylonian world power is based solely on examples taken from the New Testament (Herrmann, ›Habakkuk‹, 489–490). Moreover, his conclusion that קָדִימָה in Habakkuk 1:9 means ›eastwards‹ is far less convincing than ›east wind‹. Cf. Revised English Bible; D.T. Tsumura, ›Polysemy and Parallelism in Hab 1:8–9‹, *ZAW* 120 (2008), 198–199.

4 See for instance J.J.M. Roberts, *Nahum, Habakkuk, and Zephaniah: A Commentary* (OTL; Louisville, KY, 1991); M.A. Sweeney, ›Structure, Genre, and Intent in the Book of Habakkuk‹, *VT* 41 (1991), 63–83; Haak, *Habakkuk*.

5 In particular, the exegetes who consider these subsections to be more or less independent pericopes argue that Habakkuk 1:4 describes circumstances within Judah (cf. D.W. Baker, *Nahum, Habakkuk and Zephaniah* (TOTC; Leicester, 1988), 45–46; Haak, *Habakkuk,* 151–155). Viewing verses 5–11 and 12–17 as fragments that originally were independent of 1:1–4 may also result in the hypothesis that the wickedness in Habakkuk 1:13 involves atrocities in an international context. For an overview of reactions to this interpretation, see O. Dangl, ›Habakkuk in Recent Research‹, *CRBS* 9 (2001), 139–144.

6 This position is generally adopted by those who regard Habakkuk 1–2 or 1–3 to be an original literary unit. See Sweeney, ›Structure‹, 73–78.

7 There is strong evidence that the Massoretic Text is corrupt at this point, and that בַגּוֹיִם should be emended to בֹּגְדִים (see 1QpHab, LXX; Acts 13:41; Hab 2:5; Ps 119:158). בַגּוֹיִם also makes less sense from a contextual point of view.

features a dispute with God, which addresses him in the second person and wonders how long evil will prevail.

(2) Habakkuk 2 begins with a personal note about the prophet's intention to stand his watch and wait for a divine answer to his rebuke, while simultaneously expressing his intent to respond to God's revelation (Hab 2:1–2a).[8] This preface is followed by YHWH's command to the prophet to take a tablet and record the oracle in which he will provide his reply to the earlier complaint. YHWH urges Habakkuk to look forward to the fulfilment of this oracle (Hab 2:2b–3). Habakkuk 2:4–20 appears to be the actual content of the message that is to be recorded. Like Habakkuk 1:5–11, this passage is also a divine speech, which includes a citation—a מָשָׁל—formed of a list of ›woe-cries‹ that have been put in the mouths of nations which were previously destroyed by Babylon (Hab 2:6c–20).

(3) Chapter 3 is identified as a psalm by Habakkuk and has its own superscription (3:1). Habakkuk 3:2 begins with another personal note by the speaker (similar to the one in 2:1), which addresses YHWH and looks back at Habakkuk 2:4–20. The subsequent poem about YHWH's salvation is often assumed to be composed of two parts: a theophany in verses 3–7 and a hymn in verses 8–15. The chapter concludes with an interpretive note (Hab 3:16–19c) that reflects on the preceding poem and assumes that the deliverance by YHWH which is described there should be understood in relation to the ›nation which raids it/us‹ (עַם יְגוּדֶנּוּ; 3:16). In the context of this book, these words could hardly refer to anyone except the Babylonians.

Judah's deliverance from Babylon and the ultimate punishment of that foreign nation is an overarching theme of the entire book. Taken together with the fact that this book is dated during the Babylonian period, this anti-Babylonian focus raises an important issue, insofar as it apparently moves away from the classical line of prophetic tradition that is referred to in Jeremiah 28:8–9.

2 *Habakkuk among the Prophets*

In studies of Habakkuk, there are basically three distinctive approaches regarding the source of this anti-Babylonian and pro-Judaean message. (1) One group of scholars assumes that Habakkuk is a clear representative

[8] Regarding this interpretation of Habakkuk 2:1, see note 19.

of a particular line of tradition, i.e. of a cultic or nationalistic type of prophecy (like that of Hananiah, for example). This line stands over against the less institutionally bound and generally more anti-Israelite or anti-Judaean type of prophesying exemplified by Amos, Isaiah, Micah and Jeremiah. The cultic background of the book of Habakkuk is thought to be demonstrated by formal elements, such as its adoption of the genre of lamentation (which is often associated with the Temple) for prophetic purposes (Hab 1:2–4.12–17); the insertion of a psalm in Habakkuk 3;[9] and the apparent characterization of the prophet Habakkuk as a cultic functionary.[10] For those who regard authentic Judaean prophecy as essentially being a prophecy of judgement, Habakkuk's anti-Babylonian and pro-Judaean stance singles him out as being an adherent of an alternative prophetic tradition. Nevertheless, an intriguing question still remains: how can two apparently contradictory traditions coexist, while both of them claim the right of canonicity and divine origin?

(2) A number of scholars maintain the opposite of the view presented above; namely, that whatever Habakkuk's cultic connections may imply, this book can be readily viewed as belonging to the mainstream prophetic tradition. Richard Coggins argues that ›Habakkuk ... stands in the prophetic tradition represented earlier by Isaiah (10:5–15) and later by Jeremiah (27:6) that foreign oppressors must be seen as being under God's control, not only as a means of asserting the total sovereignty of Yahweh, ... but also as a means of punishing His own people for their failures in obedience‹.[11] However, Coggins' opinion is based on a disputable interpretation of Habakkuk and the parallel texts that he mentions. Coggins' suggestion that the description of the Babylonians in Habakkuk 1:5–11 illustrates YHWH's sovereignty (rather than the prophet's discomfort with YHWH's plans to make use of Babylon to achieve his goals) has elicited much debate. In this respect, it is not unlike the view that

9 See P. Humbert, *Problèmes de livre d'Habacuc* (Neuchâtel, 1944); I. Engnell, ›Prophets and Prophetism in the Old Testament‹, in: *Critical Essays on the Old Testament* (London, 1960), 167; J. Jeremias, *Kultprophetie und Gerichtsverkündigung in der späten Königszeit Israels* (WMANT 35; Neukirchen-Vluyn, 1970), 108–110. Cf. also Otto, ›Theologie‹, 282; Karasszon, ›Egy sohasem élt próféta‹, 109, 111. For a contrasting point of view, see I. Karasszon, ›Habakuk 3‹, in: *Az Ószövetség varázsa* (Kréné 3; Budapest, 2008), 266–267.

10 In *Bel and the Dragon*, Habakkuk appears to be a Levite. The term מִשְׁמֶרֶת in Habakkuk 2:1 is associated with the Levites in 2 Chronicles 7:6; 8:14. Cf. Sweeney, ›Structure‹, 70.

11 R. Coggins, ›An Alternative Prophetic Tradition?‹, in: R. Coggins, *et al.* (eds), *Israel's Prophetic Tradition. Essays in Honour of Peter R. Ackroyd* (Cambridge, 1982), 88.

ascribes Isaiah 10:5–15 (which proclaimed the fall of the proud Assyria) to the same prophet who perceived that empire to be the means through which YHWH would establish his rule in this world.

(3) The coexistence of pro– and anti–Babylonian voices in the book of Habakkuk is analyzed by most scholars from a literary or redaction critical point of view. They argue that Habakkuk is not a coherent text; rather, it consists of several textual strata. To put it simply, scholars see one layer that announces judgement at the hands of Babylon as a consequence of the social injustice in Judah and another layer that denounces Babylon itself for the injustice that is produced by its actions. It is argued that the prophecies which criticise Judah and those that refer to the wrongs committed by Babylon belong to different textual strata. Habakkuk 1:5–11 and 2:6d–8 may serve as illustrations of this.

Hab 1:5 Look at the treacherous ones, and see!
Be astonished! Be astounded!
For a work is being done in your days
that you would not believe if you were told.
1:6 For I am rousing the Chaldeans,
that fierce and impetuous nation,
who march through the breadth of the earth
to seize dwellings not their own.
1:7 Dreaded and fearsome are they;
from themselves their justice and dignity proceed.
1:8 Their horses are swifter than leopards,
more menacing than wolves at dusk are their horsemen.
Their horsemen come from far away;
they fly like an eagle swift to devour.
1:9 They all come for destruction,
all their faces are like the east wind,[12]
gathering captives like sand.
1:10 At kings they scoff,
and the rulers are a laughing [stock] to them.
They laugh at every fortress,
and they heap up earth and capture it.
1:11 Then they sweep by like the wind and go away,
and … this [people], whose might is its god![13]

12 Regarding this rendering, see note 3.

13 Deriving וְאָשֵׁם from אשם (›to become guilty‹) remains highly uncertain.

It is maintained that Habakkuk 1:5–11—with its reference to the Babylonians—belongs to the most ancient stratum of the book.[14] Although scholars occasionally differ on how this text is to be interpreted, especially in relation to the verses that precede and follow it (vv. 2–4 and 12–17), it is common to argue that originally, Habakkuk 1:5–11 was not an anti-Babylonian text. Instead, the coming of the Babylonians was a cautionary response to the injustice in Judaean society that is described in Habakkuk 1:2–4. It was only at a later stage that this anti-Judaean function came to be discounted in favour of another view that pronounced judgement on that great world power.[15]

In its current form, the woe-cries in Habakkuk 2:6–20 proclaim YHWH's judgement on an imperial power. Although no geographical name is mentioned, Babylon is a supposition that certainly is more than probable. Nevertheless, it is often maintained that originally, this text also referred to Judaean social problems. With the addition of various amplifications of the text, which functioned as commentary, these utterances were later converted into anti-Babylonian speeches, as the following example illustrates:[16]

Hab 2:6 Woe to him who heaps up what is not his own – for how long?
who loads himself with goods taken in pledge?
2:7 Will not those who bite you suddenly rise,
and those who make you tremble wake up?
Then you will become a booty for them.
2:8 Because you have plundered many nations,
all survivors of the peoples shall plunder you -
because of human bloodshed,
and violence against the country,
against the city and all who live in it.

Exegetes consider Habakkuk 2:6 to be an anti-Judaean text that initially dealt with social problems within Judah and was later expanded to include the purportedly ›Babylonising‹ emphases in verses 7–8. A pertinent

[14] Otto, ›Theologie‹, 281.

[15] Scholars argue for the original independence of Habakkuk 1:5–11 in relation to Habakkuk 1:2–4.12–14 (15–17) and Habakkuk 2. Cf. Otto, ›Theologie‹; Karasszon, ›Egy sohasem élt próféta‹, 130–135; K. Seybold, *Nahum, Habakuk, Zephaniah* (ZBK 24:2; Zürich, 1991), 44–45, 56–60.

[16] For different opinions regarding the original strata—and later augmentation—of the woe-cries, see E. Otto, ›Die Stellung der Wehe-Worte‹ in der Verkündigung des Propheten Habakuk, *ZAW* 89 (1977), 73–107; Idem, ›Theologie‹, 281; Karasszon, ›Egy sohasem élt próféta‹, 110–111.

question at this point might ask which layer of the text can actually be ascribed to the prophet Habakkuk. Is he the one who complains in 1:2–4 and 12–17)? Was he interested in social issues? Did he protest because of the injustice in Judah, and see Babylon as a punishing tool in the hands of God? Or did he hide his personal convictions behind the anti-Babylonian passages? Should his contribution actually be sought at some other redactional layer?

At the end of a study of Habakkuk which distinguishes at least seven different fragments that were part of the composition of this book, Karasszon arrives at a rather sceptical conclusion: ›Whichever layer is connected with [the actual author of] Habakkuk, it is clear that the work of this author is quite insignificant on the colourful palette of the rich history of tradition‹.[17] Nevertheless, such a complex theory regarding the compositional history of the book disregards the critical factor of time. It fails to explain how during a relatively short period of about 100 years, so much editorial work could have been accomplished. However, even a simpler redaction critical model, which argues for the existence of an early pro-Babylonian (and implicitly anti-Judaean) layer at the genesis of this book—which could eventually be connected to the prophet Habakkuk around the turn of the seventh and sixth centuries—flies in the face of some basic considerations.

First, it is important to note that the passages which are said to have been anti-Judaean and pro-Babylonian texts in their original form (Hab 1:2–4; 1:5–11; and the earliest layer of 2:4–20) are not coherent literary compositions. Unlike the books of Isaiah or Jeremiah, Habakkuk is not composed of self-contained ›discourse units‹ that have a coherent message. One may say that from a form critical point of view, verses 2–4 are part of a prophetic complaint; verses 5–11 begin as a divine speech; and verses 12–17 form another fragmentary complaint. However, it is clear that these subdivisions acquire meaning only within their larger context. It is difficult to suppose that both Habakkuk 1:4 and 1:11 are closures of a coherent textual unit. Second, there is hardly any convincing evidence that the fragments throughout the book which are characterised as being anti-Judaean can be traced back to a common author or a common source. In light of such difficulties, the hypothesis that a previous collection of genuinely ›Habakkukian‹ (anti-Judaean, pro-Babylonian) prophecies underlie the book becomes all the more improbable.

At the same time, it is striking that in its current form, the book of Habakkuk has a logical literary structure. I would even dare to say that

[17] Karasszon, ›Egy sohasem élt próféta‹, 137.

quite unlike most other prophetic books, Habakkuk has an obvious plot. Its structure is much clearer than what later redactors of prophetic books managed to achieve by rearranging and editing already existing individual utterances or earlier ›proto-collections‹ of prophecies. The entire book has the tone of a personal reflection that is structured as a dialogue between YHWH and the prophet.

Indeed, the entire first chapter of Habakkuk is a complaint to God.[18] This section is intentionally connected to YHWH's response to Habakkuk's particular complaint (2:2–20) by means of the explanatory note in 2:1–2. Furthermore, Habakkuk 2:1 already anticipates Habakkuk 3 which implies that this final chapter is the answer which the prophet gives regarding his complaint (cf. עַל־תּוֹכַחְתִּי in Hab 2:1) after he hears YHWH's response concerning the destruction of Judah's enemy.[19] Similarly, Habakkuk 3:2 looks back to YHWH's words in Habakkuk 2:4–20 and presupposes the divine response to the prophet.[20] The destruction of the enemy that is devouring Judah—which is announced in the divine oracle in Habakkuk 2:4–20—is reaffirmed at the end of Habakkuk's prayer in 3:16–18. The literary style of the prophetic comments in 3:13–18 is comparable to that of the lamenting voice in 1:2–4 and 12–17, and reminds the reader of psalms of complaint that contain all three of the elements mentioned here: a prayer of complaint; an oracle reassuring the righteous one of divine support; and a declaration of confidence that YHWH will take action in behalf of the believer.[21]

[18] I shall return to the structure of Habakkuk 1 in more detail below.

[19] Following the Peshitta, the first person singular form of the verb שׁוּב in the phrase וּמָה אָשִׁיב עַל־תּוֹכַחְתִּי is often emended to יָשִׁיב, which means ›what *he* [God] would answer concerning my reproof‹. However, this emendation is contradicted by more reliable textual evidence, which favours the Massoretic version (›what I shall answer concerning my reproof‹). Cf. the LXX (τί ἀποκριθῶ) and Targ. (אתיב.). 1QpHab is fragmentary at this point.

[20] Cf. שָׁמַעְתִּי שִׁמְעֲךָ (›I have heard your message‹) in 3:2. One of the most disputed questions in Habakkuk studies concerns the relation of Chapter 3 to the rest of the book. (For an overview, see Dangl, ›Habakkuk‹, 145–146.) However, the second superscription which appears in 3:1 can hardly be taken as evidence for the secondary origin of Habakkuk 3 (cf. Isa 1:1; 2:1; 13:1; Jer 1:1; 46:1). It is probable that מַשָּׂא in Habakkuk 1:1 identifies the genre of Habakkuk 1–2, while תְּפִלָּה in 3:1 designates Habakkuk 3. Furthermore, the absence of Habakkuk 3 from the Qumranic pesher also provides unlikely support for this hypothesis. The pesher delves into a reinterpretation of the predictive prophetic sections of Habakkuk that can be found in the pronouncements (מַשָּׂא) in Habakkuk 1–2 (and not in Habakkuk 3, which is explicitly identified as תְּפִלָּה, a prayer). Regarding the coherence of these three chapters, see Sweeney, ›Structure‹, 79–81.

[21] H. Schmidt and K. Seybold argue that structural features of a post-exilic psalm of lamentation appear throughout Habakkuk 1–3. In spite of major difficulties—and

Therefore, one may conclude that this book should be read as a coherent piece of writing, and not merely as a collection of fragmentary prophecies. Beyond that, the logical structure; reflective personal character; and scribal notes that create the impression of internal consistency clearly indicate that the book of Habakkuk was conceived as a literary work from the very beginning. Here, I would like to emphasise the written character of this text, which had hardly ever been proclaimed as an oral prophecy to any audience in any previous form. I surmise that the book's current arrangement is the only one in which this text has ever existed and the only one that can be connected to a prophet named Habakkuk.

3 *Habakkuk's Fragments: Snapshots of an Earlier Tradition*

These arguments for the literary unity of Habakkuk's current form do not mean that every single verse was composed by the author for its present context. Indeed, in spite of the book's thematic coherence, one cannot deny that passages such as Habakkuk 1:5–11 or 3:3–15 still sound foreign in their existing literary context. They appear to have been derived from other sources, and as such, they clearly are fragments. However, in contrast with earlier analyses, I hold that these fragments do not represent the imprint of an earlier Habakkukian tradition; they are not traces of a previous form of the book. If we take the literary and thematic coherence of Habakkuk's current form seriously, there is another, more convincing way to explain the presence of these fragments. They were adopted by the book's author for a specific purpose; namely, to illustrate the text's central ideas. They are quotations from miscellaneous sources, some of which we can identify and others that we cannot pinpoint.

It is characteristic of Habakkuk's author to make use of earlier texts. The dialogical structure that I mentioned previously means that the prophet engages in a dialogue with other authors, prophets and poets. He does that by inserting earlier texts into his own literary composition.

a significant degree of arbitrariness—in their attempts to reconstruct these, the authors' main contention that the book is built around a central theme, which overarches all three of its chapters, is valid. H. Schmidt, ›Ein Psalm im Buche Habakuk‹, *ZAW* 62 (1950), 52–63 and Seybold, *Habakuk,* 44–45.

Following the woe oracle in Habakkuk 2:12, i.e. at a point where exegetes working with a redaction critical model would expect an elaborate explanation of the early woe–cry from a later hand, Habakkuk 2:13–14 contains the following quotations:

Hab 2:13 Is this [oracle] not from YHWH of hosts:
The peoples labour only to feed the flames,
and nations weary themselves for nothing?[22]
2:14 Indeed:
The earth shall be filled with awe for the glory of YHWH, as water covers the sea.

The first citation is almost exactly the same as Jeremiah 51:58, which appears there in a collection of several anti–Babylonian oracles (Jer 50–51). The second citation comes from Isaiah 11:9, where it is the concluding sentence of an anti–Assyrian prophecy. It is striking that the author is acquainted with two different earlier writings. Moreover, it is remarkable that he interprets Isaiah's anti–Assyrian prophecies in relation to the Chaldaeans.

However, it is not only such word–for–word citations that Habakkuk borrows from earlier prophets. Isaiah is the most likely source of several other expressions and metaphors. In Habakkuk 2:17, חֲמַס לְבָנוֹן—the violence against Lebanon for which the Chaldaeans will be punished—apparently also alludes to Isaianic prophecies which are the only place that ›Lebanon‹ is employed as a distinctive mythological/poetical reference to Jerusalem.[23] Habakkuk obviously had access to earlier Isaianic texts and

[22] The NRSV is among the versions which translate this passage in a different way: ›Is it not from the LORD of hosts that...‹. However, it obviously is not the author's intention to say that fruitless labour is from YHWH; instead, the text is meant to acknowledge that the prophecy cited here comes from YHWH. An earlier oracle thus confirms Habakkuk's argument. This text is explicitly identified as a citation. See Isaiah 29:17 for a closely related example. Cf. also W.A.M. Beuken, ›Isaiah 29:15-24. Perversion Reverted‹, in: F. García Martínez, *et al.* (eds), *The Scriptures and the Scrolls* (VTSup 49; Leiden, 1992), 44, 53-54; Cs. Balogh, ›Blind People, Blind God: The Composition of Isaiah 29:15-24‹, *ZAW* 121 (2009), 52-53, 63.

[23] See F. Stolz, ›Die Bäume des Gottesgartens auf dem Libanon‹, *ZAW* 84 (1972), 41–156; Balogh, ›Blind People‹, 51–52. See also ›the city‹ (singular!) in Habakkuk 2:8.17. A contrary opinion is expressed by Seybold in *Habakuk* (73) and Sweeney in ›Structure‹ (77), where it is argued that Nebuchadnezzar's Phoenician campaign is in the background of this metaphor. Other scholars contend that Habakkuk may have been an independently minded ›disciple of Isaiah‹. See M.E.W. Thompson, ›Prayer, Oracle and Theophany: The Book of Habakkuk‹, *TynB* 44 (1993), 33–53, and W. Dietrich, ›Habakkuk: ein Jesajaschüler‹, in: H.M. Niemann *et al.* (eds),

reinterpreted prophecies related to Assyria in the new Babylon-focused context.

The ancient poem in Habakkuk 3:3–15 has long been identified as a foreign element in the book of Habakkuk.[24] Although we do not know the origin of this poem (or poems), it clearly is a quotation.[25] The poetic text is older than the framework provided by 3:1–2 and 16–19, and was not composed for its current location. It is equally obvious that verses 1–2 and 16–19, which frame the text, were written with knowledge of—and in reference to—verses 3:3–15 and the rest of the book. The author of 3:1–2 and 16–19 reuses and revises an ancient text in terms of the destruction of Babylon that is announced in 2:4–20.

I would suggest that recognising a similar phenomenon may clarify the much-discussed structural irregularities in Habakkuk 1, and may especially shed light on the role that 1:5–11 plays in this context. As noted above, when a connection is sought between Habakkuk 1:5–11 and the previous complaint in 1:2–4, it is frequently argued that 1:5–11 is a prophetic vision—a divine response to the evil committed by the Judaeans (which is often the way that verses 2–4 are interpreted).[26] However,

Nachdenken über Israel, Bibel und Theologie: Festrschrift für K.-D. Schunck zu seinem 65. Geburtstag (BEATAJ 37; Frankfurt a. M., 1994), 197-215. J.T.A.G.M. van Ruiten rightfully criticises Dietrich for his sweeping conclusions in ››His Master's Voice?‹ The Supposed Influence of the Book of Isaiah in the Book of Habakkuk‹, in: J.T.A.G.M. van Ruiten & M. Vervenne (eds), *Studies in the Book of Isaiah* (BEThL 132; Leuven, 1997), 397–411. However, the derivation of Habakkuk 2:13–14 from earlier prophetic sources is beyond any doubt. (Cf. Van Ruiten's contrasting view in ›Influence‹, 409–410.) Habakkuk's interest in Jeremianic texts is also obvious. The motif of ›the cup in the hand of YHWH‹ in Habakkuk 2:16 was probably derived from Jeremiah 51:7, and Habakkuk 2:13 was also taken from that context.

24 J.W. Watts, ›Psalmody in Prophecy. Habakkuk 3 in Context‹, in: J.W. Watts, *et al.* (eds): *Forming Prophetic Literature. Essays on Isaiah and the Twelve in Honour of John D.W. Watts* (JSOTSup 235; Sheffield, 1996), 219–221; J.E. Anderson, ›Awaiting an Answered Prayer: The Development and Reinterpretation of Habakkuk 3 in its Contexts‹, *ZAW* 123 (2011), 57–71.

25 The poem's strong mythological connotations may be an indication of its ancient origin. See W.F. Albright, ›The Psalm of Habakkuk‹, in: H.H. Rowley (ed.), *Studies in Old Testament Prophecy Dedicated to Th. H. Robinson* (Edinburgh, 1950), 1–18; T. Hiebert, *God of my victory: the ancient hymn in Habakkuk 3* (HSM 38; Atlanta, 1986); J. Day, ›Echoes of Baal's Seven Thunders and Lightnings in Psalm xxix and Habakkuk iii 9 and the Identity of the Seraphim in Isaiah vi‹, *VT* 29 (1979), 143–151; Idem, ›New Light on the Mythological Background of Allusion to Resheph in Habakkuk iii 5‹, *VT* 29 (1979), 353–355; Anderson, ›Answered Prayer‹, 61–62.

26 See for instance Th.Ch. Vriezen & A.S. van der Woude, *Ancient Israelite and Early Jewish Literature* (Leiden, 2005), 392.

such a conclusion is very implausible. The complaint does not appear to come to an end in verse 4. There is no connective line of reasoning introducing verse 5 which could relate verses 2–4 and 5–11 in the sense discussed above.[27] The addressee in verses 2–4 is YHWH, but that situation changes abruptly in verse 5, which presupposes that the audience is a larger group of people. The problem of injustice, which the prophet laments in 1:2–4, increases, rather than being resolved, in verses 5–11. In those verses, the enemy is deliberately portrayed as being a cruel and godless foreign nation, as if the prophet intends to illustrate the injustice that he is talking about with concrete examples. Verses 12–17, which are strongly reminiscent of the complaining tone of verses 2–4, clearly do not identify the unjust as the Judaeans, but as the enemy described in verses 5–11, i.e. the Chaldaeans.

In light of these considerations and in line with the previous characterisation of the book of Habakkuk as a literary composition that makes frequent use of quotations from earlier texts, it is tempting to conclude that Habakkuk 1:5–11 is also a citation from an earlier, pre-Habakkukian source. During the process of composing his book, the author inserted a quotation to clarify the type of evil he was talking about at the point where he began to complain about injustice. Moreover, he continued his lamentation with motifs that referred back to the ›foreign‹ text.[28] Such an interpretation of 1:5–11 is in keeping with scholars' remarks concerning the apparent coherence of the complaints in verses 2–4 and 12–17.[29] It also is in line with the close thematic connection between verses 12–17 and 6–11 and with the unity of the entire book. Therefore, Habakkuk 1:5–11 is a passage that is similar to 3:3–15 by virtue of the fact that it comes from an earlier source and receives a secondary function in its new context through the addition of clarifying notes, 1:2–4 and 12–17.

Like Habakkuk 3:3–15, Habakkuk 1:5–11 was not composed for its present context. Habakkuk is not the author of 1:5–11; rather, he is the author of 1:2–4 and 12–17, as well as the one who inserts 1:5–11 into his own composition. We do not actually know who the author of 1:5–11 was. D. Markl has pointed to close lexical similarities between Habakkuk

27 For instance, the עַל־כֵּן or לָכֵן, which is so frequent at other points, is missing here.

28 The function of Habakkuk 1:5–11, which involves illustrating the preceding verses, was also discussed by M.D. Johnson, although in a different sense (see ›Paralysis of the Torah in Hab i 4‹, *VT* 35 (1985), 26). Johnson proposed that the reference to the paralysis of the Torah in verses 2–4 alluded to the lack of fulfilment of divine promises of blessing and prosperity that were formulated in Deuteronomy some time after Josiah's reforms. However, Johnson's very specific interpretation of the term תּוֹרָה is questionable in the current context.

29 Cf. Schmidt, ›Psalm: 52–53‹.

1:5–11 and the portrayal of Judah's northern enemy in Jeremiah 5:15–17. He notes that Jeremiah 5:15–17 and Habakkuk 1:5–11 begin in a similar way and that both texts use comparable images in their descriptions of the enemy.[30] In Markl's judgement, the presentation of the destroyer and the eradication of food sources in Jeremiah 5:17 calls Habakkuk 3:17–18 to mind. Markl suggests that presenting YHWH as coming from the south (Hab 3:3) counters the image of the enemy from the north that is so characteristic of the book of Jeremiah. Through these constant allusions to Jeremiah, Habakkuk actually distances himself from Jeremiah's theology and becomes his critical opponent.[31]

Even if intertextual links between Jeremiah and Habakkuk are insufficient to prove the Jeremianic origin of Habakkuk 1:5–11, this passage probably came into existence not far from that sphere of influence.[32] Nevertheless, I believe that it is too simplistic to conclude with Markl that Habakkuk was a critical opponent of Jeremiah's views. Whereas the arrival of Babylon in Jeremiah 5:15–17 is still a future event, the Babylon which Habakkuk talks about in his book is an empire that has already shown its cruelty toward other nations, including Judah. In other words, there is considerable temporal distance between Jeremiah 5 and Habakkuk 1. Moreover, as noted above, Habakkuk was acquainted with the book of Isaiah and with its revised seventh century edition. In that version of Isaiah, earlier texts, which viewed Assyria as an instrument of YHWH, were reinterpreted though the insertion of passages which proclaimed the fall of the haughty tyrant that Assyria had become. These anti-Assyrian modifications of the original utterances of the eight century prophet Isaiah could have provided Habakkuk with analogies for engaging in a similar rereading of Jeremiah's Babylon-related prophecies.

In conclusion, it is true that despite its thematic coherence, there are still several textual blocks in this book which create the impression of being fragments, and which—at first glance—seem to disturb the internal consistency of the text. Influenced by the compositional history of pre-exilic prophetic books, redaction critical studies view most of these passages as belonging to an earlier, authentic layer of the book of Habakkuk,

30 Seybold also points to similarities between the oracle sections of Habakkuk 1–2 (which are identified as the book's earliest layer of tradition) and Jeremiah 2–4 (*Habakuk,* 46). He concludes that Habakkuk was a ›precursor of Jeremiah‹ (*Habakuk,* 49). Regarding this text's connections with Isaiah 5:26–28, see Van Ruiten, ›Influence‹, 401–402.

31 See Markl, ›Hab 3‹, 106.

32 See the rather stereotypical images of the enemy in Deuteronomy 28:49–52; Isaiah 5:26–30; 13:5, 15–18; Joel 2:2–11.

which later was overshadowed by post-exilic additions. However, these passages can more accurately be viewed as insertions that were made by the actual author of Habakkuk, who added these texts as illustrations designed to assist him in making his case.

4 *Habakkuk and the Editors of Pre-Exilic Prophetic Books*

In both form and content, the book of Habakkuk strongly reminds the reader of the compositional method and theological orientation of the exilic editors of the Old Testament prophetic corpus. I would like to illustrate this contention with an example from the book of Isaiah, which indisputably is one of Habakkuk's primary sources.[33]

Isaiah 29:15–24 has a complex history of composition.[34] At the beginning of this pericope stands a short woe-cry in verses 15 and 21, which probably goes back to the eighth century prophet Isaiah. This critical text denounced Judah because of its evil deeds, its social injustices and an ideology, which ultimately leads the Judeans to conclude that God is blind and does not see what they are doing. Yet, an exilic author dismantled the original oracle by inserting his comments between these two verses. Isaiah 29:16–17 radically reinterpreted verse 15; the statement about God being blind is now assumed to come from desperate (rather than ungodly) people experiencing the Babylonian deportations. These exiles were eager to believe that YHWH would look out for them, but ultimately, they were distressed by the fact that God did not appear to be considering their fate. Thus, Isaiah 29:15–24 takes the form of a debate in which the author attempts to convince the people that even after the Babylonian assault on Jerusalem, YHWH continued to be the God of his people. Similarly, earlier criticism of the unjust members of the Judaean society (v. 21) is transformed into an anti-Babylonian (!) speech by placing the content of verse 21 after verse 20 rather than after verse 15. Terminology that formerly had been used in connection with social disorder in Judah is applied to the Babylonians by the secondary interpreter.

The relationship of Isaiah 29:15–24 and the book of Habakkuk is striking on at least four levels. (1) The editor of Isaiah 29:15 and 21

[33] For another, equally telling example, see Cs. Balogh, ›»He Filled Zion with Justice and Righteousness«: The Composition of Isaiah 33‹, *Biblica* 89 (2008), 477–504.

[34] For a detailed analysis, see Balogh, ›Blind People‹, 48–69.

relocates these verses and inserts his comments between them. From a methodological point of view, the author of Habakkuk 1:2–4 and 12–17 similarly adopts the notion that texts can be dismantled for the purpose of reinterpretation. Indeed, Habakkuk composes a coherent prayer of complaint by framing a foreign text of 1:5–11 with interpretive notes. (2) From a thematic point of view, the problem of justice and righteousness is applied concretely to the Chaldaeans' behaviour against Judah and Jerusalem in the passage from Isaiah and throughout Habakkuk 1–2.[35] The exilic reinterpretation of Isaiah's text clearly demonstrates that in that era, injustice—in any and all of its forms—could be viewed as epitomizing the behaviour of Judah's enemy. (3) It is striking that in Isaiah 29:17, it is precisely the textual layer of exilic reinterpretation which alludes to former prophecies (namely, to Isaiah 10:25) in order to make a case to the new readers of the Isaianic prophecies.[36] The commitment of the book of Habakkuk to earlier texts and its practice of using older texts as citations makes it all the more likely that there is a strong connection between the hermeneutics of these passages. (4) Finally, in Isaiah 29:17, the reinterpreter of the earlier Isaianic prophecy states that YHWH's deliverance, which will counteract his people's disbelief, is about to happen very soon. The imminent fulfilment of the earlier prophecy of salvation obviously reminds the reader of a similar focus in Habakkuk 2:3, and highlights one of the central concerns of the community that had survived the Babylonian assaults against Jerusalem.

The close methodological and thematic ties between the Isaianic text and the book of Habakkuk cannot be a mere coincidence. They suggest that Habakkuk came from an intellectual circle of the exilic period, i.e. from a group engaged in reinterpreting earlier prophecies in the context of new historical realities. Habakkuk can hardly be considered to be a ›Hananiah-minded‹ critic of Jeremiah's prophecies. Like the editors of the pre-exilic prophetic books, Habakkuk seeks—in a situation where Babylon no longer is a tool in which YHWH can delight—to make sense of the positive views of the mighty world powers that were expressed by the former prophets. The ambivalent language in Habakkuk 1:12 may be

[35] I doubt that the woe cries in Habakkuk 2 originally denounced Judaean social injustice, as some exegetes have suggested (see note 16). Legal terminology is used here in relation to Jerusalem's foreign oppressors, just as it is in Habakkuk 1:2–4 and in the secondary additions of Isaiah 29:15–24.

[36] See Balogh, ›Blind People‹, 63. Notably, Isaiah 29:17 reuses a prophecy from Isaiah 10:24, which originally was related to Assyria, in a new anti-Babylonian context. This practice was also mentioned previously with regard to Habakkuk 2:14 (see note 22).

regarded as a concise expression of the view of Babylon that lies behind this book:

יהוה לְמִשְׁפָּט שַׂמְתּוֹ	YHWH, you have made him for judgement,
וְצוּר לְהוֹכִיחַ יְסַדְתּוֹ	Rock, you have assigned him for punishment.

מִשְׁפָּט and הוֹכִיחַ are ambivalent terms, which can be understood in terms of Jeremiah's proclamation: Babylon is to be seen as the tool through whom YHWH will bring justice to the Judaean society. However, it can be also understood in the opposite sense. YHWH has destined Babylon to מִשְׁפָּט, i.e. God will call Babylon to account. Unlike Hananiah, Habakkuk has no doubt that it was YHWH who sent the Babylonians. He only doubts that Judah's experience in the early sixth century will be God's final revelation to his people. In a world which is troubled by a lack of righteousness, this is absolutely essential: the more righteous person—the fittest one—has to survive (Hab 1:13).

That is also true in a literary sense. In one way or another, such an impetus—such a passion for divine justice—explains the compositional history of the prophetic books. It accounts for why prophecies of judgement concerning Judah had to be reinterpreted in a new way and why the prophetic tradition had to make a pivotal turn. The book of Isaiah is a case where more recent reinterpretations of an ancient prophecy were preserved alongside, and in addition to, the prophet's original words. Habakkuk chose a different method, which is far less appreciated in current studies of the compositional history of biblical prophecy. Instead of adding his comments to earlier texts, he retold his message through a newly created, independent literary work, using citations from the older writings. However, the underlying ideas and methods of the editors of the pre-exilic prophetic books and those of Habakkuk, as the author of a short scroll, were essentially the same.

Elod Hodossy–Takács

From Tribal Heritage to National Epic

The Biblical Perspective on Keeping Memories and Forming Traditions in Rural Communities

1 *Defining Rural Communities: Toward an Adequate Definition*

In ancient Palestine, most of the population lived in small, unwalled agricultural settlements. The average size of such villages was less than five acres, with an estimated population of 75 to 100 persons.[1] The inhabitants' main income came from herding and farming. The land around the settlement was utilised according to local contingencies. Agricultural areas covered neighbouring fields, and grazing took place on land that was not being used for other purposes (enclosed nomadism). The village, as such, was an economic unit living in a close alliance with a neighbouring town. According the lists of border allotments in the book of Joshua, the settlements named there include the ›towns and their villages‹ (e.g. Josh 15:36, 41, 44). It is often noted that many people living in towns also had an agricultural lifestyle, and this obviously was the case. Yet, towns provided a natural market where goods and services could be exchanged.

In addition, we should mention that during the Iron Age, only about a half-dozen sites in Palestine could be called cities. Besides the royal capitals of Samaria and Jerusalem, only Dan and Hazor in the northern kingdom; Lachis and Gezer in the south; and Ekron in the coastal area were real cities. This meant that they were walled, protected settlements with significant infrastructures (water and/or gate systems and so forth), which housed more than two thousand people. According to accepted

[1] V.H. Matthews, ›Village‹, in: *NIDB* 5 (2009), 781–82 [781].

estimates, the ›urban threshold‹ in Mesopotamia was somewhere around nine thousand persons.[2] A very simple hierarchy can be seen in this system: a few cities, a much larger number of country towns, and even more villages (not to mention other miscellaneous units such as secondary royal palaces like Ramat Rahel, forts like the one at Tel Arad, and so forth).

During the Iron Age, we also find peripheral states in Syria–Palestine, and the degree of urbanisation in these states is one of the key markers of their growth toward nationhood. The cities were economic and political centres, and they dominated the entire society, mainly through taxation, forced labour and monarchal (›crown‹) property. It is likely that the kings of Iron Age Judah and Israel were landowners and that the administration of royal possessions, plantations and farms was in the hands of their officials. Most probably, the lands were not handed over to the vassals' subjects in the feudal manner.[3] Obviously, urbanisation also meant centralisation, and the result of that was social stratification.[4] This fact is reflected in the words of prophets like Micah and Amos who were not closely related to the central administration.

In this setting, the term ›rural communities‹ refers to families and clans living in the small agricultural villages described above, as well as to people living in towns, if their source of income was connected to their agricultural activity. This definition suggests that in ancient Palestine, the real sociological difference was not between villages and towns, but between the centre (i.e. the city) and the periphery (i.e. rural aggregates of villages and towns).[5]

[2] W.G. Dever, ›Social Structure in Palestine in the Iron II Period on the Eve of Destruction‹, in: *ASHL* (1995), 416–431 [418].

[3] V. Fritz, *The City in Ancient Israel* (Sheffield, 1995), 167–68.

[4] Dever, ›Social Structure‹, 418.

[5] Victor Matthews and Don Benjamin contend that ›the two most important social institutions in the Mediterranean world were the village and the state. Both appear in the Bible. Early Israel was a village culture, and the monarchy was a city culture or state. Villages used a decentralised political system to feed and protect their people; states used a centralised system.‹ V.H. Matthews and D.C. Benjamin, *Social World of Ancient Israel. 1250–587 BCE* (Peabody, MA, 1993), 1. I only partially agree with this statement. It is true that both cultures appear in the Bible, but the state did not replace village culture. According to my understanding, village culture remained intact for several centuries, although the forms of imperial exploitation mentioned above changed the life of village people. Since the extended family is the most efficient social unit for production in an agricultural society, it was an economic necessity for survival within this system. The royal household and its officers exploited the resources of the villages, but it was impossible to replace them with something else. During the Israelite monarchy, there were other aggregates in addition to the rural communities, but Palestine never became a true urban culture. Perhaps this statement will help explain that fact: ›the

Although we mainly hear a literate, urban, male voice in the Bible, we need to bear in mind the fact that this class represented a clear minority in Iron Age Israel. The rural folks who constituted the majority were vastly different. For them, ›a good and spacious land, a land flowing with milk and honey‹ was a reality that they really longed to experience (Ex 3:8). The work of village people spanned the entire agricultural year (see the Gezer Calendar), and demographically, they needed as many children as possible. In addition, most of their work required collaboration. It would have almost been impossible to clear fields of stone without help or to build stone terraces alone in a pre-industrial society.[6] Yet, even routine work, like threshing, required a certain degree of organisation by the community since there was only one threshing floor on the outskirts of the settlement.[7] The book of Ruth, for example, transports us back to harvest time. Even if we hold that the date of this book is ›elusive‹, its author obviously has tried to sketch an authentic tableau.[8] Therefore, there is no reason to doubt that the work of the harvest was accomplished by means of simple deals (regarding whose field was to be harvested first and so forth) and reciprocal assistance.[9]

extended family system often, but not exclusively, occurs in regions in which economic conditions make it difficult for the nuclear family to achieve self-sufficiency. Cooperation being necessary, aid is recruited, usually either from the patrilineal kin or the matrilineal kin. (...) The extended family may include more distant kin, but the uncles, aunts, or cousins usually belong to the same clan as members of the core lineage.‹ (from the article on ›extended family‹ in Enc. Britannica Online). Regarding urban culture, one may refer to ›The city‹ in *Weber's Occidental and Oriental Urbanism* (1921), where five crucial markers of a real city are identified. Also see Sjoberg's portrayal of pre-industrial and industrial cities. According to Sjoberg, ›pre-industrial cities are to be found in societies without sophisticated machine technology, where human and animal labour forms the basis for economic production.‹ According to a more sophisticated analysis, we need to talk about *administrative cities* in ancient Palestine. In that discussion, urban centres are described as the ›habitations of rulers‹. The primary roles of such cities are political and economic (and involve transportation, crafts, administration, communication and commerce). ›State offices and officers had an urban location, from which they exercised political control and economic exploitation of the surrounding rural areas. ... Administrative cities also had a qualitatively different demographic and social complexity. They contained large populations, densely settled, often ethnically varied, with heterogeneous occupations.‹ (from the article on ›urban culture‹ in Enc. Britannica Online).

6 Matthews & Benjamin, *Social world*, 38–39.

7 J.C. Whittaker, ›The Ethnoarchaeology Of Threshing In Cyprus‹, *Near Eastern Archaeology* 63/2 (2000), 62–69.

8 Ph. Trible, ›Ruth, Book of‹, in: *ABD* 5 (1992), 842–47 [843].

9 O. Borowski, *Agriculture in Iron Age Israel* (Boston, MA, 2002), 57–69.

During the Early Iron Age (the biblical ›era of the Judges‹, c. 1200–1000 BCE), we find simple agricultural settlements on the peripheries of former Canaanite urban centres in the central highlands and the Negev. These were small, unwalled, utilitarian and egalitarian agricultural villages whose houses were built using the well-known four-room plan that was ideal for storage and for extended families living together. There are no major differences among these dwelling units; the building technique, the size and other signs of personal well being are more or less the same in each house. This similarity can be viewed as providing clear evidence of a lack of social stratification. During the monarchy, the picture changes. In the few urban centres, we find monumental architecture; defence systems (casemate walls, chambered gates and so forth); palaces; and water systems. These are all signs of social stratification.

3 *An Anthropological Perspective: the Collective Memory in Rural Communities*

According to twentieth century anthropological studies, genealogy/lineage was an important component of record-keeping in the oral world of traditional societies. Each person's identity was twofold: in addition to one's ancestry, one's place of origin was also something to remember.[10] For example, the rebellious Jeroboam was the ›son of Nebat… whose mother's name was Zeruah‹, but the fact that he was ›an Ephraimite from Zeredah‹ also was part of his full identity (1 Kgs 11:26). Manoah was ›from the tribe of Dan‹ and a ›man of Zorah‹ (Judg 13:2). Very often, the collective memory records only a few words about the life of an individual (1 Chr 4:9–10; 5:36).[11] From my perspective, these bits of information

[10] V.H. Matthews, ›Village‹, in: *NIDB* 5 (2009), 781–82 [782].

[11] In 1 Chronicles 4:7–12, it is said that ›the sons of Helah: Zereth, Zohar, Ethnan, and Koz, who was the father of Anub and Hazzobebah and of the clans of Aharhel son of Harum. *Jabez was more honourable than his brothers. His mother had named him Jabez, saying, »I gave birth to him in pain.« Jabez cried out to the God of Israel, »Oh, that you would bless me and enlarge my territory! Let your hand be with me, and keep me from harm so that I will be free from pain.« And God granted his request.* Kelub, Shuhah's brother, was the father of Mehir, who was the father of Eshton. Eshton was the father of Beth Rapha, Paseah and Tehinnah the father of Ir Nahash. These were the men of Rekah.‹ (author's italics). Another pertinent passage speaks of ›Ahimaaz the father of Azariah, Azariah the father

should be regarded as remnants of an ancient way of keeping the collective memory alive, even if, in their present form, they obviously are parts of later, well-composed texts.

4 *Traditions of Separate Communities: Examples of Hebrew Tribes*

The fact that the widely used term ›tribe‹ has given rise to many romantic ideas among both readers and interpreters of the Bible may be because the ›tribe‹ is a strange social unit indeed. According to R.D. Nelson, ›from the perspective of anthropology, tribes organise and socially construct smaller associations of corporate descent groups. (...) Tribes can characterise pre-state arrangements (...) but can also serve as a mechanism for organizing a state‹.[12] It is doubtful that the tribes of Israel were organised well enough to have ›institutionalised leadership‹. Instead, it is more likely that the tribal leaders mentioned in Deuteronomy 5:23 were prominent heads of clans. If it is accurate to view biblical tribes as units existing within ancient Israel's social structure, we need to point out that their primary focus was on territory.[13] No one can deny the role that blood relationships play in tribal organisation, but most of the time, this is merely a ›theoretical‹ relationship. Tribal identity is based on stories about a common ancestor that explain both the past and the present. Thus, Roland de Vaux concludes that ›the whole social organisation of the desert is summed up in a genealogy‹.[14]

A tribe is not an exclusive, closed unit. The simple fact that clans live together in the same region results in newcomers; individuals or groups can integrate. These newcomers may become fully incorporated into the tribe, as de Vaux notes in the following sketch. ›[Integration] means that [the new arrival] acknowledges the tribe's ancestor as his own, that he will marry within the tribe and raise up his family inside it. The Arabs say that he is »genealogised«. With the whole clan the fusion takes longer, but the result is the same, and the newcomers are finally considered as

of Johanan, *Johanan the father of Azariah (it was he who served as priest in the temple Solomon built in Jerusalem)*, Azariah the father of Amariah, Amariah the father of Ahitub (...)‹ (1 Chr 6:9–11, Hebrew: 5:35–37).

12 R.D. Nelson, ›Tribe‹, in: *NIDB* 5 (2009), 665–68 [665].

13 Ibid.

14 R. de Vaux, *Ancient Israel. Its Life and Institutions* (London, 1961), 5.

being of the same blood. (...)‹[15] From the Hebrew Bible, we can also cite examples of:

› individual assimilation in the case of Eliezer of Damascus (Gen 15:2);
› group incorporation, represented by the absorption of the descendants of Hobab, the Kenite (Judg 1:16).

As newcomers became fully integrated members of a particular tribe, they naturally accepted and adopted its common values, and, as a part of these, its stories of ancestry as well.

5 *Late Migrants: the Example of Dan*

As a case study, we will focus on the traditions of the tribe of Dan. According to Genesis, Dan was Jacob's fifth son; his mother was Rachel's servant Bilhah; and his name itself is meaningful. Rachel viewed Dan's birth as a sign of God's just judgement. ›Then she said, »Here is Bilhah, my servant. Sleep with her so that she can bear children for me and I too can build a family through her.« So she gave him her servant Bilhah as a wife. Jacob slept with her, and she became pregnant and bore him a son. Then Rachel said, »God has vindicated me; he has listened to my plea and given me a son.« Because of this she named him Dan‹ (Gen 30:3–6). Among Jacob›s sons, four were born of two slaves: Dan and Naphtali came from Bilhah, Gad and Asher came from Zilpah. The tribes that traced their ancestry back to these forefathers settled next to each other in the northern territories, with the exception of Gad, which took up residence in the Transjordan. That tribe's location is emphasised in several biblical texts and is also confirmed by the inscription on the Mesha Stele.

It is never easy to pinpoint the origins of a biblical tribe. However, the case of Dan is unique because according to Judges, after the Danites settled in the Philistine border region, they conducted a second conquest. After migrating northward, they seized Laish; occupied its northernmost region; and settled there—we might say—among their brothers, i.e. next to the tribes of Naphtali and Asher.[16] We may add that following

[15] De Vaux, *Ancient Israel*, 6.

[16] According to Roland de Vaux, Asher never went to Egypt; instead, this tribe ›served as hired men with the Canaanites living in the coastal region‹. In: De Vaux, *The Early History of Israel. To the Period of the Judges* (London, 1978), 677.

these occurrences, it became customary to talk about the Israelite territories—in their fullest extent—as stretching ›from Dan to Beersheba‹ (this phrase first appears in Judges 20:1).

Dan's descendants were the least successful of the twelve tribes of Israel. During the settlement process, they were unable to gain control over their territory, and that eventually led them to migrate north.[17] Prior to that decisive event, they constantly struggled with their neighbours. The Samson stories are colourful examples of tribal traditions. Samson was a Danite from Zorah, but, as the Hebrew text makes clear, Dan was merely a clan (*mispachah*), not a real tribe (*sebet*) at the time of his birth (Judg 13:2).[18] Samson was a folk hero whose story became a beautiful part of the tribes' common heritage. He was a man of special gifts and significant weaknesses, a man of courage. In addition, Samson was a real man who was constantly pursuing love; a strange figure, who—according to some scholars—may originally have been a solar hero. The following facts may be offered as evidence of this theory: (1) Samson's name means sunny; (2) Zorah, Samson's birthplace, is only two and a half miles from Bethshemesh, which was an important site of the cult of the sun; (3) Samson's adversary and one of his women is Delilah whose name probably is related to the word for night (*sms—lylh*); and 4) the closest poetic parallel to the Samson story is Psalm 19; where verses 4b–6 speak of the sun and depict it as being like a hero.[19]

The early traditions regarding Samson and tribal migration associate the Danites with the towns of Zorah and Eshtaol.[20] A possible explanation of the time period mentioned above is that Dan was a clan living in a small area, which subsequently grew considerably. The fact that the Danites had more than one town may account for the need for a change of location. (Traditionally, clans divided in such situations. Combined with the pressure from the Philistines, this was enough to start the migration.

According to Egyptian and Greek sources, near the end of the second millennium BCE, a new group of people appeared in Palestine along with other Sea Peoples. They were the mysterious Danuna (Egyptian sources) or Danuoi (Greek sources), a group of fighters, who—along with the Philistines—were depicted on reliefs that were found in the Medinet Habu Temple, which had been constructed for Ramesses III. Most probably, the

[17] R. Boling, ›Judges‹, in: *The Harper Collins Study Bible* (1993), 367–407, 371.

[18] Boling, ›Judges‹, 392.

[19] J. Day, *Yahweh and the Gods and Goddesses of Canaan* (Sheffield, 2000), 161–163.

[20] L.D. Hawk, ›Dan, Danites‹, in: *NIDB* 2 (2009), 7–10, 9.

Danuoi were of Cilician origin.[21] They are portrayed as soldiers with long spears, swords and rounded shields.[22] It is tempting to posit a connection between the tribe of Dan and the Danuoi, but at the present time, we do not have enough evidence to verify this.[23]

A comment on Judges 5:17 may be helpful. This brief verse characterises the tribe of Dan as a group that did not show up at the battlefield; rather, it ›lingered by the ships‹. Also, in Judges 18:7, the text says that the Danites were pleased with Laish because the people there lived like the Sidonians, in peace. It is tempting to see this verse as representing a type of misunderstanding. To the author, the life of the Sidonians involved living in peace, but originally, the Sidonian lifestyle probably had to do with something else, i.e. living from the sea. The Sidonians probably hired their workforce from the area, and for people accustomed to lingering by the ships, this was a chance for a better life. At the present stage of research, we can only go so far in our conjectures. However, the possibility mentioned above is fascinating: it is not impossible that one of the tribes of Israel, namely Dan, originally belonged to the Sea Peoples. If that was the case, we cannot place too much emphasis on the importance which their traditions for the entire society. Even the enemy can be transformed into a brother; although during that process, the larger group must accept (and regard as its own!) the heroes and heroines of the minority. In the end, Samson became a fighter for the whole state of Israel, and the invasion of Laish became the consummation of the conquest of the land flowing with milk and honey.

In summary, Dan was a group of aboriginal people who commingled with newcomers (the Danuoi), but remained a minor clan. As their numbers grew, the border area was not large enough for them. Part of the clan separated and moved northward. There they seized a peaceful town, where they settled and founded a new sanctuary.[24] The rest of the group

[21] The inscription on the relief in the Medinet Habu Temple mentions six different peoples: the Porast/Peleset (Philistines), the Danuna, the Sardanu (Sherden or Sardinians?), the Shekelesh (Sicels), the Zakkala (Tjeker)—who later settled south of Carmel, around Dor—and the Weshesh. See Gösta W. Ahlström, *The History of Ancient Palestine* (Minneapolis, 1993), 295.

[22] I. Singer, ›Sea Peoples‹, in: *ABD* 5 (1992), 1059–1061, 1060.

[23] Hawk, ›Dan, Danites‹, 7.

[24] The Deuteronomic Historian clearly viewed this sanctuary in a negative way. However, it is obvious that 'the text originally claimed Yahwistic legitimacy for the temple at Dan, but [was] used against the Danite priesthood by the [Deuteronomic] Historian (Judg 18:31)‹ (Ahlström, *History of Ancient Palestine*, 389). Judges 18:30 lays a solid foundation for a Yahwistic temple, but due to the deeds of Jeroboam 1, the site became a symbol of heresy. It was the place where the

disappeared; it was absorbed by the Philistines and possibly, by Judah. However; the memory of the second conquest did not disappear from the tradition. This tribal group remained a type of ›secondary‹ figure. Its forefather was the son of a slave, but it had a great hero. Samson originally did not have much in common with the Israelites, but he later joined the company of Israel's great charismatic leaders. That's the way it happens in a living tradition.

6 *The Disappearance of the Firstborn: Reuben*

In Joshua, there are several allusions to Reuben in geographical contexts that mention Reubenites living east of the Jordan. However, after that book, we find only two references to Reuben before the end of 2 Kings, i.e. in the Song of Deborah (Judg 5:15–16) and in 2 Kings 10:33, where part of the land that was conquered by Hazael is attributed to the Reubenites. In later biblical books, Reuben repeatedly appears in boundary lists (1 Chr, Ezek). A previously mentioned Moabite text—the Mesha Stele—does not mention Reuben at all, although it calls attention to the Gadites' presence in the Transjordan and describes it as an ancient clan in the region. This fact provides extra-biblical corroboration of the slow disappearance of the tribe of Reuben.[25]

The group originally traced its ancestry back to Jacob's firstborn son. The reason for this was the location of Reuben's tribal territories; the north Moabite highland plateau was separated from both Israel and Judah. Moreover, this territory was a piece of land that was always highly desired by different ethnic groups. Numbers 21 confirms the Amorites' interest, but later, the Moabites—and presumably, the Ammonites—also wanted to expand their territories in this direction. As a result, the tribe of Reuben disappeared, although according to Ezekiel's vision, the

Danites' abandonment of the only legitimate worship centre became visible. Thus, the Deuteronomic editors had to do something to ›reframe‹ the tradition regarding the sanctuary's ›almost Mosaic‹ origin. With the insertion of one small letter—a *nun*—the very positive connotations of the original text changed. The reference in Judges 18:30 was no longer associated with Moses; instead, the evil Manasseh came to mind.

[25] Z. Kallai, *Historical Geography of the Bible. The Tribal Territories of Israel* (Jerusalem/Leiden, 1986), 85.

Reubenites would settle on the west side of the river Jordan. During the exile, there was no longer any hope of finding the sons of Reuben, Gad or Manasseh in territories to the east, but we can see the historical reality behind this final development. The absence of Israelites in the Transjordan appears to be self-explanatory. Something very similar happened with the Gadites—whose presence in the Transjordan in the ninth century BCE is confirmed by the Mesha Stele. However, a different process took place with Simeon; that tribe was slowly absorbed into Judah.

7 *The Influential Youngster: Benjamin*

The territories of Benjamin and the hills of Ephraim are the most influential regions in the traditions of early Israel. The conquest narratives in Joshua 1–9 and most of the pre-monarchical traditions are related to these areas. In the Genesis story about Jacob's sons, Benjamin is unique. He is the only one ›to have been born in Palestine‹.[26] This detail may be evidence of an ancient memory since this tribal group most probably *was* formed in Palestine. It is noteworthy that at least one version of the tradition retains Joseph, not Benjamin, as Jacob's last son, conceivably because Joseph was the last child born in Mesopotamia. (Genesis 30:24 is the concluding verse of that part of the story.) Genesis 37, with its emphasis on Jacob's special love for ›the son of his old age‹, also points toward this understanding.

Benjamin was a ›late‹ son—a kind of ›addition‹—and the tribe of Benjamin was also a late tribe.[27] At the same time, Benjamin was closely related to Joseph. Through the centuries, Rachel's sons occupied neighbouring territories. The closest possible tribal ties existed between Ephraim and Benjamin. This fact becomes clear to people who use maps while reading biblical stories about pre-monarchical times. Both tribes had their own ancient holy sites. Gilgal served the needs of Benjamin, and Bethel became the sanctuary associated with Ephraim's traditions.[28] Shiloh—the third prominent sacral site in these stories—was a famous

[26] De Vaux, *Early History*, 641.
[27] De Vaux, *Early History*, 641.
[28] De Vaux, *Early History*, 642.

Israelite shrine, which included an enclosed structure. This sacred space appeared as a relatively late tradition. Originally, it was a local sanctuary. Although Judges 21:19–21 mentions a customary autumn feast that was associated with Shiloh, that was a local event. According to Judges 9:27, the same tradition also existed in Shechem.[29]

The end of Judges is extremely important for the tribe of Benjamin. The final chapters of that book have to do with a civil war which almost led to the Benjaminites' annihilation. As a result, the group was re-established. In Judges 21, the Bible explicitly calls attention to the establishment of this community within the boundaries of Palestine, and the smallness of this group is also explained.

8 *Whose Heritage is it Anyway?!*

In the first part of this paper, an attempt was made to shed light on the process of forming the collective memory of rural communities. As the typical living environment in ancient Palestine, the agricultural community was the ideal and natural unit for forming, gathering and transferring individual stories for centuries. Using tribal stories, elements that were fundamental to the shared history of the people were identified. In the case of the tribe of Dan, we met an important folk hero and discovered that stories about that group's migration explained how and why they left their original neighbourhood behind. We also learned that the sanctuary at Dan has a long history, although that story was given a negative slant after the cult was centralised.

It has been said that ›education is the power to influence the next generation‹[30] Elsewhere, in more a sophisticated manner, education has been defined as being concerned with ›the transmission of the values and accumulated knowledge of a society‹.[31] The transmission of tribal stories and legends also took place as a part of informal and formal education. It is important to note the oral method of these transmissions (although

[29] De Vaux, *Early History*, 708.

[30] Matthews & Benjamin, *Social world*, 142.

[31] Enc. Brit. Online (http://www.britannica.com/EBchecked/topic/179408/education; Jan 31, 2013).

literacy reached a rather high level during the Iron Age).[32] In a village society, the day was for work, but in these communities, there was room for talk and storytelling as well. This means of education also enabled integration, as youngsters gained insight into their community's past. As newcomers became integrated into an existing tribe, they and the members of the original group also learned each others' stories. That is the way heroes of local communities became leading figures in the historical narratives of the larger community. Eventually, the beginning of scribal activity marked the end of such ›natural shaping‹ and the beginning of ›forming‹. However, in small villages, the long nights remained full of stories after the tiring working hours.

32 The Mesad Hasavyahu ostracon provides evidence of this. In its text, a common labourer presents a complaint because his garment has been unjustly confiscated. It is possible that the person did not write the text himself. Nevertheless, the existence of this text confirms that the option of composing a written document was available and somewhat ›natural‹ in his circles. Furthermore, town elders (like Baruch) had private scribes; it was common to receive instructions in written form (1 Kgs 21:8); and even youngsters could compose simple documents (Judg 8:14). Deuteronomy 6:9 also assumes widespread literacy. See de Vaux, *Ancient Israel*, 49.

Eliska Landovska

From Clean Hands to Clean Heart

1 *From Clean Hands to a Clean Heart*

Ritual purity is not an important aspect of faith for Christian believers these days. There are no special requirements for purification prior to entering a church or engaging in prayer. This is one of the central differences between Christianity and Judaism. Christianity claims to believe in the same God as Judaism; it has taken Judaism's sacred book as its own; and it considers that work to be a normative sacred text. However, the Hebrew Bible also includes the book of Leviticus, which is dedicated to numerous ritual practices that are not observed in the Church's rites.

This paper about the pivotal turn from ritual to ethical concerns, that took place at the dawn of Christianity, grows out of my curiosity about how Christians can claim to worship the same God as the Jews, while quickly and silently abandoning all of Leviticus' purity laws. There are questions that need to be asked, such as: how is it possible that the same God who was so exalted and distant that he required impeccable purification before people could approach him can now be worshiped in such an informal way? How is it possible that this God would not be offended by ritual impurity?

In ancient Israel, the Temple in Jerusalem provided mediation between the Lord and his people. The paramount prerequisite for meeting with God was being ritually pure.[1] The fact that no impurity or defect was per-

[1] This purity was not required on a daily basis, but a visitor to the Temple had to be in a state that fulfilled all of the given requirements. There was a clear-cut system that determined one's status. Impurity was usually caused by bodily discharge or by moments associated with death.

mitted in the presence of God was dealt with by ablution and the passage of time.[2] The Lord was holy and exalted above the heavens; thus, those who wanted to approach him had to prepare carefully.[3] Everything in the Temple shone with beauty and perfection.[4] Ritual purity was the *conditio sine qua non* for taking part in ritual observances.[5]

2 *Judaism*

Being ritually clean—›having pure hands‹—played a greater role in the *practical* life of the cult than living ethically in submission to the Lord—›having clean hearts‹.[6] If people wanted to present themselves to God by offering a sacrifice, they had to be careful about what they touched after the cleansing and washing. This was almost a more important act than having respect for one's neighbour, for example.

2 Ritual washing required the use of water enriched with the ashes of a red heifer, oil or blood. One had to wait from one to seven days to become clean.

3 Why were the requirements for ritual purity so elaborate? According to M. Douglas, the requirements were designed to give order to the believers' world and to give God a proper place in the universe. The requirements pointed to the holiness, perfection and beauty of the Lord (H. Harrington). They served to set God apart and to shroud him in mystery. Thus, they did not apply to daily life, except on the days that one wanted to enter the Temple. In ›Holiness, Rabbinic Judaism and the Graeco-Roman World‹, H. Harrington contends that ›holiness describes God more closely than any other designation. [It is] his very essence‹ (2001, 11). God's holiness is described in various ways in the Old Testament, for example, as a consuming fire that is an ›absolutely perfect, pure and fathomless ... symbol of God's exalted, dangerous holiness.... For that which can stand its heat, fire functions as a purifier and perfector‹ (13). ›God himself models ... perfect separation for he is not a mixture of physical and metaphysical essences.... God's perfection is moral, and it must be reflected in human social relationships as well as in cultic ritual‹ (19). ›Holiness without an active goodness, or righteousness, is not holiness.... God does not use his power like some kind of omnipotent tyrant, but always has in mind a supremely good end. Thus God's holiness is intrinsically linked to his will to do good, especially to those in need‹ (27).

4 H. Harrington and P.P. Jenson.

5 Cf. Ps 24:3–4. Deuteronomy 23 identifies the people who cannot enter Qahal.

6 An analogy may be useful here. In addition to the official theology of today's churches, there is also a popular stream of teaching. In many charismatic churches, a person who is sexually active before marriage is more likely to risk excommunication than an explosive person who beats his wife. Analogously, I believe that the issue of ritual purity was given greater importance than ethical behaviour because it was more time-honoured.

Two streams of theology dealt with sacrificial life in ancient Israel. On the one hand, the Priestly writings codified and emphasised ritual, but on the other hand, a number of prophetic books considered ritual acts without ethics to be empty.[7] (Examples of such texts include Micah 6:6–8[8] and Malachi 1:6–10.)[9] The prophetic message is not that the ritual law and the Temple are wrong *per se*. The prophets criticise the *way* Israel fulfils its ritual law—or rather, does not fulfil it. The manner in which the people of God attempt to keep the law is flawed. They bring imperfect sick animals in order to save money and are generally disrespectful, but God is interested in a contrite spirit.[10]

During the period of the Second Temple, synagogues were already offering a parallel option for meeting with the Lord. The Sadducees were connected too closely with the monarchy. They were more interested in keeping their position than in the true spirit of sacrificial offerings. Therefore, numerous movements of renewal were established in an attempt to restore the needed holiness.[11]

What happened to the cult following 70 CE? With fall of the Temple, the need to purify oneself before entering that specific *place* also fell into disarray. However, the rabbis chose not to abandon ritual law.[12] In

[7] Hosea 6:6 was the text that was quoted the most often by early Christians.

[8] Through the mouth of the prophet, God claims to not be interested in the blood of animals. The whole purpose of sacrifice lies in the theology that is reflected by its symbolism. No sacrifice of blood or death can properly be made for the ablution of one's sins; the only gift acceptable to God is a change of heart.

[9] It is wrong to think that blood spilled on an altar without a contrite spirit can atone for sin. It is also inexcusable to disrespect the act of sacrifice by bringing unfit animals to the Temple. Indeed, the cult is actually defended by the prophet's pen, which points to the inner meaning of sacrifice and turns away from—or even disparages—a magical view of it. (More on the prophetic view of ritual in Hrobon.)

[10] The sacrifices were meant to reflect the inner state of the mind and the soul, but Israel was not capable of such worship. Therefore, the Temple was taken from them, and they had to learn true dependence on the Lord in a foreign land. They had to learn that there is another aspect of holiness (goodness). The cult had ossified and had started to become similar to the cults of other nations. The people of God should not approach the Lord in the Greek manner *do ut des* or by using a magical means of conducting sacrifices.

[11] The Qumran sect understood itself to be the herald of true service and worship. It despised the Temple in Jerusalem, and even considered it to be a place of defilement, especially due to the Sadducees' laxness. The Pharisees (whose name means ›set apart‹ or ›separatists‹) were closest to the synagogues, which stressed the ethical aspect of the cult. There were different groups of Pharisees, such as the Haberim. (More on this subject in Booth.)

[12] Without the Temple, studying the Torah came to equal a sacrifice (Eruvin 63b), and a single day devoted to the Torah outweighed 1,000 sacrifices (Tractate Shabbat 30a; comp. Menachot 100a). Study of the Torah by a larger number of people called

reinterpreting the ritual requirements, they built what came to be known as a ›fence around the Torah‹, so that no commandment would be transgressed.[13]

3 *New Testament*

It is only in the Church that the original ritual law was abandoned completely, although that did not happen without a serious debate over questions of identity.[14] Drawing upon Jesus' teachings and some of his acts, it was the Apostles and the Apostolic Fathers who altogether abandoned the

forth Shekinah (Avot 3:3). Ritual food-laws were transformed into *kashrut* laws. Yet, ritual washing continued to be important even without the Temple (Tohorot).

13 Regarding the process of reinterpretation, A. Destro and M. Pesce write: ›L'intepretazione mishnaica del testo biblico non consiste primariamente nell'elaborazione di una teoria religiosa, ma nella comprensione del come i modelli performativi e i precetti normativi del testo biblico posano essere messi in pratica. la Mishna perciò si concentra nell'individuazione di quegli atti che rendano possibile l'esecuzione delle prescrizioni del Levitico‹. Destro & Pesce, ›La normativa del Levitico: interpretazioni ebraiche e protocristiane‹, in: *Annali di Storia dell'esegesi* 13/1 (1996) la purità e il culto Levitico, 26.
Regarding the transmission of ritual requirements, it is said that ›Moses received the Law from Sinai and committed it to Joshua [and]... the Prophets committed it to the men of the Great Synagogue. They said three things: »Be deliberate in judgment, raise up many disciples, and make a fence around the Law«‹ (Pirkej Avot 1:1; see also Ex 19:12). ›Fence-building‹ involved redefining temple-based requirements in spiritual terms, so that even without the Temple, the rituals could continue symbolically.
Regarding ›clean hands‹, it may be noted that washing one's hands before a meal was required as a reminder of temple worship. Nowadays, this act is a special part of the Pesach Seder meal and the family dinner on Rosh Hashanah. It is also associated with Mikveh. The Talmud derives the washing requirements from Leviticus 15:11. The Tohorot includes specific requirements regarding exactly how the washing should be carried out. (For example, in Yadayim, hands should be washed three times using a cup, and a special blessing is required. Hands are washed before meals, worship, blessing and many other situations, such as: after touching the inside of the nose and ear and prior to scribal work). All of the ritual requirements are kept alive in anticipation of the possible revival of the Third Temple. Judaism has not abandoned ritual laws even though there is no actual Temple in which to perform them.

14 Here, I am speaking of main-stream Christianity during the first two centuries. There were also Jewish Christian groups, such as the Ebionites, which kept Judaism's ritualistic laws.

ritualistic part of the Law. However, even before Jesus appeared, a rift in the view of the Temple had occurred with John the Baptist. In keeping with the general mood of the society, John also felt the call for a deeper purity than the Temple could offer. He started to practice a form of baptism that was different from other rites.[15] It did not deal with ritual impurity; it had more to do with ethical renewal. John the Baptist sprinkled water on those who came to him in order to purify them of their *sins.*[16] If being sprinkled with water from the Jordan now sufficed for the remission of sins, why should be sacrifices of animals and streams of blood still necessary?

4 *Jesus and the Temple*

Although he had been baptised by John, Jesus visited the Temple quite often (e.g. Matt 26:55: καθ' ἡμέραν ἐν τῷ ἱερῷ ἐκαθεζόμην διδάσκων).[17] The Temple was Jesus' favourite place to teach; however, he does not consider it to be an end in itself. He regarded it as a holy place; nevertheless, it was not to be worshiped or adored.[18] The purpose of the Temple was symbolic; it was to point beyond itself.[19]

John's challenge to the temple is superseded in Matthew 12:5–7. Not only does Jesus offer forgiveness of sins; he also openly places himself above the temple.[20] We may surmise that this time, he is not speaking

[15] Baptism was a common ritual. The Essenes had to wash before every (sacred) meal. In the dispute about eating with unwashed hands, Mark 7:3b adds this observation: ›For the Pharisees and all the Jews do not eat unless they wash their hands in a special way, holding the tradition of the elders. When they come from the marketplace, they do not eat unless they wash‹ (ἐὰν μὴ βαπτίσωνται οὐκ ἐσθίουσιν). The mention of ›the Pharisees and all the Jews‹ has led R.P. Booth to conclude that the author had a specific group of Pharisees in mind, i.e. the Haberim. (R.P. Booth, ›Jesus and the Laws of Purity, Tradition History and Legal History in Mark 7‹, *JSNT* 13 (1986).

[16] This act was a direct protest against the Temple, which should have been the actual mediator of the forgiveness of sins.

[17] Mark 14:49; Luke 21:37–38, 22:53

[18] Arguing with some Pharisees, Jesus expresses this clearly when he asks: ›which is greater, the gift or the altar that makes the gift sacred?‹ (Matt 23:19).

[19] When the disciples stop to admire the Temple's buildings, Jesus reproaches them and utters a prophecy about its destruction (Mark 13:1–2, /Matt 24:2, Luke 21:5–6).

[20] ›Yet I say to you that in this place there is One greater than the temple. But if you had known what this means, »I desire mercy and not sacrifice«, you would not

about the building.[21] The Temple was the site of the Holy of Holies which housed the Ark of the Covenant. What could be more sacred, and who could that say that they were more holy than that place?[22]

Matthew 21:12–14 may serve as an example of Jesus' attitude toward the symbolic function of the Temple. In that passage, Jesus drives the money changers out of the Temple.[23] Then, he is followed into the sacred domain by people who are blind and lame.[24] Instead of safeguarding the Temple from defilement, Jesus' action dispels holiness and contaminates people who had come in faith, no matter how unacceptable they might have been.[25] I believe that in Jesus, we see a reversal in the flow of holiness and purity. Matthew 27:51 may also serve as an example of this.[26] When Jesus died, the veil dividing and separating the Holy of Holies was torn in two, and two realms that had different degrees of purity were mixed with one another.

Let us now summarise Jesus' attitude toward the Temple. His teaching is fully in line with that of the prophets. Neither Jesus nor the prophets want to dispose of the Temple, they cherish it; however, because it is abused by the ignorance of people who are unable see beyond things that are made by human hands, it would be better if the Temple did not exist. Thus, along with the bricks of the actual building, the idolatry of searching for God within a sacred building and its traditions can also be demolished.[27]

have condemned the guiltless‹ (Matt 12:6–7 NIV).

21 Jesus also elevated himself above the Torah. Thus, Hengel writes: ›it is no longer Moses and the law that mediates between God and humanity, but the Messiah, Jesus, the bringer of the new covenant.‹ In: M. Hengel & C.K. Barret (eds), *Conflicts and Changes in Early Christianity* (Pennsylvania, 1999), 11.

22 Obviously, there were some popular rumors about Jesus' attitude toward the Temple. At his trial, some people claimed they had heard Jesus say that he could destroy the Temple and build a new one in three days. They were the only witnesses to this statement, since the Gospels always put these words into their mouths (Matt 26:61; Mark 14:58). Note that Mark's juxtaposition of ›made with hands‹ and ›not made with hands‹ reflects a shift from the realm of ritual to the realm of spiritual.

23 From my own traveling experiences, I can almost imagine little souvenir shops along the roadsides, selling sheep and doves instead of the holy pictures and wooden crosses with roses on them that are available nowadays.

24 These people had been denied access to the Temple (Lev 21:18).

25 Mark 11:15–17, Luke 19:45–8. In these passages, Jesus calls the Temple a ›house of prayer‹ (πᾶσιν τοῖς ἔθνεσιν). (see Ezek 36.)

26 Mark 15:38, Luke 23:45.

27 Jesus appears to have fulfilled all of the laws' requirements, although he raises questions about their interpretation. Jesus does not abandon any of the ritual laws, although he talks about their short future. The first generation of Christians begins the abandonment.

The first century Church had to face many challenges connected with ritual law; thus, it is surprising how silently the move from the ritual to the ethical sphere occurred. We will examine this process in two steps; first by considering Peter's experiences in Caesarea and Antioch and then, by looking at the later Church's reception of Jesus' teachings regarding ritual washing.

Peter's life is quite illustrative with respect to our topic. Not only was Jesus followed into the Temple by people who were lame, Peter also heals a lame beggar at the door of the Temple (Acts 3). This sets off an avalanche of events because the healed man is suddenly leaping for joy inside the holy precincts, where he is recognised by everyone. Following in the footsteps of his master, Peter grants people who are impure access to the holy by healing them.

A few chapters later in the book of Acts, a hungry Peter has a vision of descending animals, and hears a voice that bids him to kill and eat.[28] Although he hesitates to defile himself in this way, the voice from heaven announces a revolutionary new teaching to him: ›Do not call anything impure that God has made clean‹ (Acts 10:15). The voice also stresses that Peter should not spend a long time (κρινειν) thinking about (literally: ›judging‹) whether he should follow the messengers who have been sent to him from house of a Gentile named Cornelius. Upon his arrival there, the Gentiles who hear Peter preach are filled with the Holy Spirit, and are thereby received into the new Christian family by God himself, despite all of the doubts of their Jewish brothers. Acts 11 then describes how the Apostles become angry when they hear about the ritual freedom that Peter demonstrates when he enters the Gentile's house. His defence, which is based on God's act of outpouring the Holy Spirit on the Gentiles, seems to be sufficient, both here and later on in the case of the apostolic council (Acts 15).

Here, we obviously have a new ›rule‹ pertaining to Peter's authority. I dare say that this is *the rule* responsible for the pivotal turn of abandoning ritual practices. When God accepts Gentiles by filling them with the

[28] All of the animals are descending, not only the ones that are impure. Peter could choose the pure ones. It is not clear why he hesitates. If we argued that the problem involves the ritually inappropriate way of slaying the animals, in this case we would have ignored the occurrence of the verb *thyein*. Or does Peter hesitate because he does not have a priest's authority? When Ezekiel was ordered to cook using human excrements, he refused to do so because he feared defilement. Ezekiel was put to a test; perhaps Peter also thinks that this is just a test.

Holy Spirit, he pronounces them pure, and this is only the start of a great change.[29]

In Antioch, Peter's new freedom is tested by some people from Jerusalem during a debate over table fellowship.[30] When these critics arrive, Peter and others who had previously treated Gentile Christians as their brothers in table fellowship begin a purification process.[31] At this point, Paul is the only one who is on the Gentiles' side. According to the new rule, Gentiles should not be regarded as impure since God himself has rendered them pure, purifying their hearts by faith through the gift of the Holy Spirit. The new rule has gained power beyond the individuality of Peter, its original recipient. It now has a life of its own, and is gaining power among the growing number of previously ritually impure Gentiles who are joining the Church that is emerging from womb of ›mother Judaism‹. To what extent will ritual purity apply to them? Will Gentiles need to be circumcised and submit to *all* of Judaism's laws, or will this new rule give them freedom from that? With the emergence of Paul's theology of freedom from the Law, which is established in conjunction with his explanation of Jesus' sacrificial death, the historical winner is the second option.

Let us now proceed to the second step in this analysis. In the tradition of the Church, Jesus' words are reflected in the Gospels. We are witnesses to the gospel writers' theological understanding of the problem reflected in his writing style in the case of the description of Jesus' debate with the Pharisees over hand washing practices before a meal. Matthew's version in chapter 15 appears to be more genuine than the other versions of this story are.[32]

Jesus originally declared that *nothing entering the body defiles;* rather, *that which exits is what defiles*. This assertion is repeated in different forms that include variations added for specific audiences. Jesus' teaching starts at the general level of ritual purity, and with every repetition, sinks to a deeper level—moving toward the ethical. It proceeds from unwashed hands to a list of vices.

[29] Issues connected with this change include the identity of the people of God, circumcision, ritual food requiremets, ritual washing requirements, and the matter of the possible restoration of the Temple. However, table fellowship is the most important of them all.

[30] These individuals appear to have been associated with James. On the other hand, in Acts 15, James says that he had not sent them, and in Galatians 2, they are described as ›some of the Pharisees‹ who had been converted to Jesus.

[31] The text does not describe the type of purification that is carried out.

[32] This conclusion is discussed in more detail in my dissertation thesis: *The Development of the Semantic Field of Holiness in the New Testament and Apostolic Fathers.*

When comparing both versions of this story, the addition in Mark 7:19b is striking: ›καθαρίζων πάντα τὰ βρώματα‹. Here, the author of the Gospel of Mark gives in to an urge to establish a tradition that characterizes Jesus´ attitude toward ritual requirements as being liberal. In the same pericope, Jesus sets the tradition of the elders and the Law of God beside each other, and says that the former is in direct opposition to the latter. Therefore, it is useless and even wrong. In light of this, it seems possible that Jesus is portrayed here as refuting the rabbis' Halakha. Another of the ›dividing points‹ that was essential for the crucial turn, which we are considering, can also be found here.

6 *Around 100 CE*

Following the destruction of the Temple in Jerusalem and the persecution of the Jews—along with the growing mission to the Gentiles, the Church very soon forgot about its ritualistic origin.[33] Ethics won out over ritual.[34] However, separation from the mother institution was not without pain. When the first Christians realised that they were forming a new group that would be independent of Judaism, they started to wrangle with that part of their legacy. As we can see in the Didache and the Epistle of Barnabas, for example, the new sect soon established its own traditions as part of the process of letting go of the old ones.

Outside of the New Testament, the best expression of Christianity's struggle against the rituals of Judaism—which was already perceived to be a separate group—is the anti-Judaic Epistle of Barnabas (90–130 CE). Among other issues, its author deals with giving up ritual food laws.[35]

33 A pertinent text about this process asserts that ›the priestly relaxations of taboos (i.e. the right of priests to transgress some taboos which beyond question apply to laity) are themselves used as argumets against cultic forms. Already in Mark, the freedom to pluck ears of corn on the Sabbath is justified. (...) The decisive point is rather that just as king David claimed a priestly privilege for himself, so now the followers of Jesus are claiming royal right when they break the Sabbath. Thus they appropriate priestly privileges in order to abolish priestly cultic requirements.‹ G. Theißen, *A Theory of Primitive Christian Religion* (London, 1999), 12.

34 I do not intend to suggest that Judaism equals rituals. The Christian Church was rather extreme in its efforts to gain freedom from Judaism's ritual forms.

35 See Bar 11 and my article on ›Ritualni zakony v Barnabasove epistole‹ [Ritual laws in the Epistle of Barnabas] 2012. Also a chapter of my dissertation will discuss this text in English.

After saying that they were never meant to be literal, he explains them allegorically.[36] The consumption of pork is prohibited because of the character of pigs, who forget their master whenever they are sated. He explains diets of deep-sea fish and hunting birds in a similar way. He bases his reasoning on a process of matching these three groups of animals to the three groups of corrupt people listed in Psalm 1. In his opinion, the ritual food laws constitute a symbolic text that teaches deep ethical and practical truths, but never was about an actual diet. The author of the epistle also deals with issues related to the Temple and keeping the Sabbath, for example.[37]

In the Didache, it is clear that a totally new system of rituals has already been developed.[38] Baptism is a new act of sprinkling water that stands alongside the ritual washings required by the Tohorot.[39] Instead of eating a sacrificial lamb, Christians now eat special bread and drink from a consecrated cup. This ritual meal also requires careful preparation; one has to be ready ethically (Didache 10:13–14).

According to the Didache, there is one precondition for partaking of this allegorically sacrificial meal: ›let no one eat or drink of this Eucharistic thanksgiving, but they that have been baptised into the name of the Lord‹ (9:10). Baptism is still a prerequisite for taking part in Holy Communion; therefore, the sequence of undergoing a process of purifying washing before taking part in the sacrificial rite remains intact although it has been transformed.

[36] The Letter of Aristeas is a product of Hellenistic Judaism which develops an allegorical approach.

[37] Regarding the Temple, it is said that it is impossible to lock the creator in a building. Moses meant a spiritual temple. Thus, the perfect temple is built in the hearts of believers (Past Herm, Eph, 1 Cor). Regarding the sanctification of the Sabbath, it is said that this is a matter for the world to come when we will be sanctified. We will be able to sanctify the Sabbath when the Lord has taken his rest (Bar 15:6–7).

[38] See the chapter of my dissertation that is entitled ›Holiness in the Didache‹.

[39] See chapter 7 of the Didache for a thorough description of the rite of bapism. The rites of washing that are described in the Tohorot constitute a ritual of existential transition.

7 Conclusion

When speaking of the pivotal turn from ritual forms to ethical concerns which took place in the first century Church, we need to keep two things in mind: first, the abandonment of old traditions and second, the development of new ones.

It would be an oversimplification to totally divert the ritualistic Jewish faith of its ethical dimension and vice versa. At one time, ritual and ethics probably were connected more closely than we may be able to fathom today. However, the existence of many parallel sects during the Temple's final years proves that the Jewish people had a strong desire to recover the deep reason for making sacrifices and to thereby restore the spiritual dimension and its ethical requirements to daily life.[40]

Jesus is described by the gospel writers as responding to that longing; however, like a true reformer, he stays within the Temple. Yet, encouraged by the political situation in 70 CE, his followers separated themselves from the original ritual traditions.[41] Peter's vision and his revolutionary interpretation of it opened the door to the actual break.

The only two Christian rituals in the first century—baptism and the sacrament of Holy Communion—built on Jewish rituals, perhaps more than we tend to acknowledge today. Thus—to revise what was said above—we cannot divest Christian sacraments of their ritualistic dimensions at the expense of ethical concerns.

The sacrificial dimension of Holy Communion is the subject of Christian reflections in the Epistle to the Hebrews. To put it simply, baptism takes on the meaning of circumcision as a rite of transition through which individuals become part of the people of God. However, it is also a ritual of purification. Those who are baptised into the Trinity are purified and sanctified by the *sprinkling of water*. Therefore, the sequence in which *purification by water* necessarily comes *before participating in the holy sacrifice* is preserved. No one can take part in Communion without first being washed by the waters of baptism.

[40] Such concerns probably began with the prophets.

[41] This comments deals with mainstream Christianity of the first century CE.

Jan Roskovec

John's Transformation of Mark and Paul

1 *Pivotal Turns in Early Christianity and Its Literature*[1]

Christianity's early history was marked by three major ›pivotal turns‹:

1. ›*The Easter event*‹ was the point of origin of what would later be called Christianity. It signified a transition from the ›Jesus movement‹ to a community of people who believed that through God's intervention, Jesus had risen from death to a new form of being and who soon began to worship Jesus as the representation of God (the Son of God). We can date this ›point‹ quite precisely as beginning in 30 CE and continuing for a few years after that.[2]
2. With the inauguration of *mission among the pagans* (non-Jews), the first pivotal turn was soon followed by another, as Christianity made the transition from its Palestinian and Jewish cradle into a wider world dominated by pagan Roman rule and Hellenistic culture. To a large extent, the initial stages of this process were related to the activity and thought of the Apostle Paul, and can be dated during the period extending from 33 to 60 CE.

1 This paper is a result of research funded by the Czech Science Foundation under the project designation GA CR P401/12/G168 ›History and Interpretation of the Bible‹.

2 The most probable dates of Jesus' death are 30 or 33 CE. The earlier date is preferred by John P. Meier, A *Marginal Jew. Rethinking the Historical Jesus. 1: The Roots of the Problem and the Person* (1st ed.; Anchor Bible Reference Library; New York [etc.], 1991), 402, 406–409. The later date is favoured by Jack Finegan, *Handbook of Biblical Chronology: Principles of Time Reckoning in the Ancient World and Problems of Chronology in the Bible* (2nd rev. ed.; Peabody, Mass, 1998), 366–368.

3. The *Jewish-Roman War* and its tragic outcome in the fall of Jerusalem in 70 CE, also had a significant impact on Christianity's development. Thereafter, Christianity represented an alternative to emerging forms of rabbinic (Pharisaic) Judaism in taking up the heritage of biblical Israel.

All of these turns have their reflections in early Christian texts, and even may be associated with specific literary forms. The Easter event is reflected in *early creedal formulas* (such as 1 Thess 1:10; 1 Cor 15:3b–5; Rom 1:3–4; 3:25–6; 4:25) and in *hymns* (such as Phil 2:5–11).

The process of crossing the borders of Palestinian Judaism is chronicled in *Paul's epistles*. Paul wrote his letters as an *ad hoc* means of his missionary and church-organising activities, but their significance extended far beyond that purpose.[3] To call Paul ›the second founder of Christianity‹[4] is surely overstated, but he may be rightly considered to be the ›inventor‹ of a new literary form, i.e. the *apostolic letter,* since his epistles differ significantly from the prosaic correspondence that was known in both Jewish and Greco-Roman cultural contexts.[5]

The third period of transition in early Christianity also generated a new literary subgenre, i.e. *the gospel*. This was a critical time indeed. The destruction of the Temple in Jerusalem by Vespasian's army brought an end to the religious centre of Judaism—and in its aftermath, the first Christian community there also probably came to an end. In addition to this event, there were still other significant factors that shaped the future of the young movement:[6]

1. During this period, Christianity's *foundational figures died*. This was not always a ›natural‹ process. Those about whom we know the most, Paul, Peter and James (the brother of Jesus), died as martyrs in the mid-sixties of the first century.[7] Speaking more broadly, we can

3 Paul was probably aware that his letters were perceived to be a major part of his influence and wrote them with that intent. (cf. 2 Cor 10:10; 1 Thess 5:27; Col 4:16.)

4 W. Wrede, *Paulus* (Religionsgeschichtliche Volksbücher für die deutsche christliche Gegenwart. 1. Reihe 5/6; Tübingen, 1907), 104.

5 U. Schnelle, *Einleitung in Das Neue Testament* (UTB 1830; Göttingen, 2005), 55. See also K. Berger, ›Apostelbrief Und Apostolische Rede: Zum Formular Frühchristlicher Briefe‹, *ZNW* 65 (1974), 190–231.

6 Here, I have modified the list presented by U. Schnelle, *Theologie Des Neuen Testaments* (Göttingen, 2007), 335–343. Schnelle also refers to several ›transformations‹ in his description of the development of New Testament thought.

7 Paul and Peter probably were martyred around 64 CE during the Neronic persecution in Rome (1 Clem 5:2–7), and James was stoned in Jerusalem in 62 CE (*JosAnt*

assume that by the 70s, the whole first generation of Christians (i.e. the people who had belonged to Jesus' generation), had begun to die out. Among these were not only Christianity's ›foundational figures‹, but also a wider circle of people who had been *eyewitnesses* to Jesus' life.[8]

2. However terrible an experience the fall of Jerusalem must have been, it had not brought about the end of the world. This fact may have been the decisive catalyst for restructuring (but not abandoning) Christianity's eschatological vision. This modification is usually referred to as the *delay of the Parousia*. It had become clear that living in the Christian faith would not be a relatively short, provisional period of waiting for the risen Lord's second coming ›with the clouds of heaven‹; rather, it would entail a long interval of wandering through difficult territory.
3. After Nero's suicide in 68 CE and nearly a year of consequent turbulence, Vespasian, the conqueror of Jerusalem, seized power in Rome and founded a new dynasty of emperors. The Flavians could not rely on a long-standing family history of Roman aristocracy and they compensated this deficiency by *strengthening religious motifs in the presentation of the imperial rule*. It became common for a Roman emperor to be characterised as a religious saviour, who sometimes worked miracles, came from the east and was heralded by *euangelia*.[9] This development brought Christians into an implicit tension with such a government.

This situation clearly called for establishing a more stable and comprehensive connection to Christianity's formative period. This link needed to be independent of individual guarantors, so that it could have long-term relevance. This necessarily entailed a *written* text and—quite naturally—a *narrative* account of Jesus' story. This need was answered by Mark, who modified for this purpose the form of ancient biography (*bios*). Later, this Christian subgenre came to be called ›gospel‹ (*euangelion*).[10] How successful this innovation was is revealed by the following that it

20,197–203).

8 The importance of this circle is stressed by R. Bauckham, *Jesus and the Eyewitnesses: The Gospels as Eyewitness Testimony* (Vol. 1; Grand Rapids/Cambridge, 2006).

9 Schnelle, *Theologie,* 342, supplies quotations from Suetonius (Vespasian 1 and 4,5), Tacitus (*Hist* V, 13,1f.) and Josephus (*JosBell* 4,618.656).

10 Regarding the development of the term and concept *euangelion*, see P. Pokorný, *From the Gospel to the Gospels* (Beihefte zur Zeitschrift für die neutestamentliche Wissenschaft und die Kunde der älteren Kirche 195; Berlin, 2013).

soon acquired. Matthew and Luke used Mark as a template and modified his work by adding other material and reordering the sequence of some parts of the story.

2 *The Gospel of John*

The Fourth Gospel represents yet another stage or turning point in the history of early Christianity. It most probably was written at the end of the first century, which was a time when the long-term existence of Christianity as an independent ›religion‹, emancipated and distinguished by its surrounding from Judaism, had already been established. The Gospel of John also occupies a special place among the New Testament Gospels. Headings in the earliest New Testament manuscripts[11] and statements by Irenaeus in *AdvHaer* (c. 180 CE) make it clear that John's text was part of the gospel collection from very early on. However, its distinctive character was also recognised.[12] Its special profile may be characterized by two features:

1. Long *speeches* of Jesus. These constitute the largest part of John's Gospel and obviously are the creation of its author, having little to do with the tradition of Jesus' words that we know from the Synoptics.
2. Special *historical traditions*. These have primarily been recognised by recent studies, which have added John's text to the set of resources used in the historical Jesus research.[13] John not only provides

[11] E.g, the Bodmer papyrus (P66; c. 200 CE) contains the words ευαγγελιον κατα Ιοαννην, i.e. one version of the multiple gospel. See M. Hengel, *Die Evangelienüberschriften* (Sitzungsberichte der Heidelberger Akademie der Wissenschaften 3; Heidelberg, 1984); H. Thyen, *Das Johannesevangelium* (Handbuch zum Neuen Testament 6; Tübingen, 2005), 1–2.

[12] Cf. the popular adage of Clement of Alexandria, which identifies John as a ›spiritual gospel‹. This is related by Eusebius, *HE,* 6.14.17.

[13] See e.g. F.J. Moloney, ›The Fourth Gospel and the Jesus of History‹, *NTS* 46 (2000), 42–58; P.N. Anderson, F. Just, and T. Thatcher (eds), *John, Jesus, and History. Volume 1: Critical Appraisals of Critical Views* (SBL Symposium Series 44; Atlanta, 2007); J.H. Charlesworth, ›From Old to New: Paradigm Shifts Concerning Judaism, the Gospel of John, Jesus and the Advent of »Christianity«‹, in: J.H. Charlesworth & Petr Pokorný (eds), *Jesus Research: An International Perspective. The First Princeton-Prague Symposium on Jesus Research, Prague 2005* (Princeton-Prague Symposia Series on the Historical Jesus 1; Grand Rapids/Cambridge (UK), 2009), 56–72.

information that is not known from the Synoptics; he sometimes contradicts them with respect to some important details—most notably in his chronology of Passion week—and his version often seems to be more plausible in terms of history.

It is extremely difficult, if not impossible, to distinguish between ›Johannine‹ parts of the Fourth Gospel and older material that was used and ›reworked‹ by its author. This makes questions about the *origins* of John's Gospel both extremely interesting and rather difficult to answer. At least three variants of this issue of origin may be posed: the question of the relationship of the Gospel of John to the Synoptics, the question of its spiritual background (or its basic conceptual framework), the question of its geographical place of origin (Palestine versus Ephesus). These questions are being answered in quite a diverse way in the research and no consensus that would resemble the mainstream understanding of the Synoptics seem to be emerging so far.

I would propose that, theologically, John should be seen within the Pauline tradition, rather than as an alternative to it. It may be viewed as the second ›transformation‹ of Pauline theology, with Mark being the first. This idea is not entirely new,[14] nor is it especially controversial. Instead of arguing it in detail—which would exceed the scope of this paper—I will illustrate it by exploring the central issue of Christology or, in broader terms, by considering the Johannine portrayal of Jesus. In this way, I hope to contribute to the general theme of the conference, the basic intention of which I understand as examining the way how changes of circumstances are reflected in the process of tradition. Tradition is always a special mixture of preservation and creative interpretation, thus transformation is its important feature.

3 *The Johannine Jesus*

The formal differences between the Gospel of John and the Synoptics are secondary to the primary and more important difference, which is their overall portrayal of Jesus. A first—and perhaps even a second—impression of the Gospel of John may suggest that the Jesus depicted in it is

[14] Here, I particularly draw on the work of Schnelle, Zumstein, Thyen and Bauckham.

quite far from anyone who could be imagined to have been an ›earthly‹ man who actually walked around Galilee and Judea in the first century. John's Jesus appears to be a ›theological‹ Jesus in a strict sense,[15] a construct of Christian reflection and piety. One may ask why John made the effort to project such a construct into the story of Jesus' public, pre-Easter ministry, why was he not content with the forms of confession or hymn that had been the vehicles of this faith in Jesus since the earliest stages of Christianity.

This perplexity grows even stronger when one observes the other peculiarity of the Gospel of John, i.e. the amount of special—and probably quite reliable—historical detail that its author supplies (regarding, for example, the topology of Galilee and especially of Jerusalem or the chronology of both Jesus' ministry and his passion).[16] There seems to be a tension—indeed, a *paradox*—between this interest in historical detail and the ›high Christology‹ of the Gospel of John. How can we explain this?

One might propose that the historical details are just a remnant of tradition that John preserved out of respect or that they simply function as a balance to the Gospel's ›high Christology‹ by showing that some historical memory remains even in the predominantly ›mythical‹ depiction of Jesus. However it is my contention that this intuition is wrong and that there is an explanation which is quite consistent with the main purpose and design of the whole work. I have based this proposition on two basic observations:

1. ›High‹ and ›low‹ elements in the Johannine portrayal of Jesus are quite *consistently distributed* between the narrative and discursive parts of the text. It is worth noting that the overwhelming impression that the Jesus depicted by John actually is God is based *solely* on Jesus' words, i.e. on his *speeches.* This impression may be so overwhelming because the speeches constitute such a large part of John's Gospel.

[15] Cf. E. Käsemann's famous characterisation (referring to F.Ch. Baur): the Johannine Jesus is a ›God walking over the earth‹: E. Käsemann, *Jesu Letzter Wille Nach Johannes 17* (2nd ed.; Tübingen, 1967), 22.

[16] In recent years, the Gospel of John has been reclaimed as a source that is relevant in the quest for the ›historical Jesus‹. Cf. e.g. Anderson, Just, Thatcher, *John, Jesus, and History*; M. Hengel, ›Das Johannesevangelium Als Quelle Für Die Geschichte Des Antiken Judentums‹, in: Roland Deines (ed.), *Judaica, Hellenistica et Christiana. Kleine Schriften II.* (WUNT 109; Tübingen, 1999), 293–334; C.L. Blomberg, *The Historical Reliability of John's Gospel: Issues & Commentary* (Downers Grove, 2001); R. Bauckham, *The Testimony of the Beloved Disciple: Narrative, History, and Theology in the Gospel of John* (Grand Rapids, 2007); J.H. Charlesworth, ›From Old to New: Paradigm Shifts Concerning Judaism, the Gospel of John, Jesus and the Advent of »›Christianity‹«‹, in: *Jesus Research*, 56–72.

However, there is *nothing* in what is *narrated* about Jesus in this Gospel which would—in itself—leave such a ›godly‹ impression.

2. That this differentiation is not incidental is shown by the fact that it is presented *within the story* as something that is perceived by its *participants*. This is the basic meaning and function of the motif of *misunderstanding*, which is one of the characteristic features of the encounters that the Johannine Jesus has with other people. The reason why people in the Gospel of John regularly misunderstand Jesus is not that they are of especially low intellect or that they miss some ›deep‹ meaning in what Jesus says. The *readers* of the Gospel of John are *not* encouraged to avoid such misunderstandings! Instead, they should recognize them as being *necessary*. These misconceptions *must* arise from situations as they are described in the Gospel of John—situations where a patently *ordinary* man from Nazareth speaks (mainly about himself) as if he were God.

John does not attempt to alleviate this tension between the speeches and the narrative; on the contrary, he consistently sharpens it. In fact, his description of Jesus in the narrative sections of the Gospel is far more mundane than the Synoptics' accounts are.[17] The pieces of detailed historical information, which often have the character of eyewitness testimony (and perhaps did originate in that), dovetail nicely with this emphasis. They convey the historically authentic setting of the narrative. The reader, who approaches the story through the information provided by the narrator (the ›evangelist‹) and looks at Jesus through the eyes of the people who encounter him in the story, gets a historically authentic impression of Palestine in the early 30s CE. Until Jesus starts to speak! What could this mean?

Before I attempt to answer this question, allow me to discuss the two observations on some passages of John's Gospel.

An obvious objection against viewing the *narrative parts* of the Gospel of John as consistently portraying Jesus in rather earthly tones seems to be inherent in the *stories about Jesus' miracles*. These accounts constitute the largest share of the Johannine narratives and are of great importance to the Gospel. This can be inferred from the explicit statement about the Gospel's purpose in John 20:30–31. Here, the entire book is characterised as a written record of Jesus' ›signs‹ (σημεῖα), which is a special Johannine

[17] For example, although the tradition has preserved only a few hints to Jesus' emotions and feelings, these are mostly found in the Gospel of John. They include mentions about Jesus being tired and thirsty (even before the crucifixion: John 4:6), Jesus being seized by distress and weeping (John 11:33, 35).

term for Jesus' miracles, or rather, for their function). Working miracles is certainly beyond ordinary human capacities, and the miracle stories in the Gospel of John are often perceived as reinforcing the ›miraculous‹, supra-natural elements of the help that Jesus brings:

› the *amount of wine* that Jesus produces *in Cana* (John 2:1–11) is enormous,
› the *distance* at which Jesus heals the son of the royal officer from Capernaum (John 4:46–54) is substantially longer than in the Q-versions of the story (Matt 8:5–13; Luke 7:1–10.) since the father meets Jesus in Cana and Jesus stays there,
› the paralytic healed at the pool of Bethesda (John 5:1–15) had not been able to find help for *38 years,*
› before the feeding of the multitude (John 6:1–15), Philip explicitly states that even 200 denarii *would not be enough* to buy the bread,
› the sightless man who was healed by Jesus (John 9:1–34) had been *born* blind,
› the dead Lazarus who was brought to life by Jesus (John 11:1–44) had been buried for *four days,* so that his body had already begun to stink.

Someone who is capable of providing help that overcomes such obstacles does indeed appear to be a super-terrestrial being. However, this is the impression of the *reader* who is able to observe the scenes ›from above‹ (almost from heaven)—and thus, is able to see them as one complete picture. That *never* is (and cannot be!) the situation of the *participants* in the story. A strikingly consistent feature cf the Johannine miracle stories is that none of the participants in the events react as if they have seen a super-terrestrial being in action. We can demonstrate this with another quick survey:

› In *Cana* Jesus does not seem to have even appeared in public; he remains somewhere in the background. The chief steward—who apparently speaks for all of the other participants—does notice a certain irregularity, but that only has to do with the unusual quality of the wine which—according to the order of custom—was not expected to be available at that point. He ascribes the arrival of better wine—erroneously, but significantly!—to the bridegroom.
› The healing of the son of the royal officer from Capharnaum is depicted as a rather private affair between Jesus and the father. The distance from Cana to Capharnaum makes it impossible for anyone to witness the synchronicity of Jesus' word and the event of healing; one either hears the word without seeing its effect or sees the son get relief from his illness without hearing Jesus' word. Neither of these

occurrences departs significantly from the bounds of ordinary human experience.

- After Jesus heals the paralytic at the pool of Bethesda, none of the other characters in the story seem to pay any attention to extraordinary nature of that act. The healed man explains his behaviour by saying that he has been healed, but Jesus' critics seem to be curiously unimpressed by this fact. This indifference may be accounted for by the fact that this scene is set at a location where healings seem to have been expected and sometimes probably did occur.
- Only the Johannine version of the story of the feeding of the multitude describes the reaction of the people.[18] John 6:14 explicitly states that ›the people saw the sign that [Jesus] had done‹; therefore, they wanted to ›make [him] king‹ (John 6:14–15). This might seem to be an exception that proves the rule. However, Jesus disapprovingly evades the attempted coronation, and later, when the crowd persists in trying to find him, he corrects the impression left by the narrator: in fact they ›did not see the sign, but just were filled by the loaves‹ (John 6:26).
- The story about the healing of the man who was born blind even has elements of a comedy: the various groups of people who take part in subsequent discussions react to Jesus' deed by persistently looking for a ›natural‹ explanation: either the ›healed‹ man was someone else, or his impairment was not of the sort that it seemed to be. Once again, it is only the healed person who identifies Jesus' deed as something that ›had never been heard of before‹ (John 9:32).
- There is an obvious gradation in the series of the miracles in the Gospel of John, and as Jesus' deeds take on ›strength‹, the lack of impression that they make on (most of) their participants is all the more striking. The climax of this line of miracles is the raising of Lazarus from the dead. In this story, the scheme is strained beyond the limits of credibility. Even when Jesus brings life back to someone who not only had been dead, but had already been buried for several days, the reaction is surprisingly muted. The response of the people divides them into two groups, which symbolically represent the ambiguity that is characteristic for all human experience. John reports that ›many of the Jews, who ... had seen what Jesus did, believed in him. But some went to the Pharisees and told them what he had done‹ (John 11:45–6). In the end, the latter reaction seems to prevail: the

[18] Although this feature is typical in miracle narratives, it is conspicuously absent in all five of the Synoptic versions of the story. Cf. Mark 6:32–44, par. Matt 14:13–21 and Luke 9:10–17; Mark 8:1–9, par. Matt 15:29–38.

raising of Lazarus becomes a decisive cause of Jesus' death.

It is true that working miracles is something which exceeds the capabilities of ordinary people. However, at the same time, certain elements of the extraordinary are part of our ordinary experience; we know something about enigmas, unexpected events and about people with exceptional abilities. Jesus was probably viewed by his contemporaries as a man of extraordinary powers, but this did *not* make him a *heavenly* figure in their eyes, as is conclusively confirmed by the tradition about the requests for ›a sign from heaven‹.[19] This is exactly the way Jesus' miracles are viewed by the people who participate in John's stories about them. Something unexpected that may be extraordinary and even enthralling has happened; however, it usually continues to be assessed from within the bounds of ordinary human experience. Only the reader is capable of employing a different perspective.

Thus, even (and especially) the miracle-working Jesus is portrayed by John as a fully human figure that is quite conceivable from a historical point of view. For John this historical ›embodiment‹ is very important theologically: people who think that they have comprehended who Jesus is because they have observed some extraordinary—or perhaps even supernatural—abilities, have actually understood very little. What then does ›to see a sign‹ really mean?

This brings us to the *second observation,* which maintains that the ›revelation‹ of Jesus' relationship to God is reserved to his speeches, delivered under circumstances in which they *must be misunderstood* and judged to be absurd. The function of the motif of misunderstanding can be demonstrated on the first of the speeches that begins as Jesus' dialogue with Nicodemus (John 3:1–21).

Nicodemus, who is a prominent representative of the Jewish authorities in Jerusalem,[20] comes to Jesus by night, apparently to have a debate with him. Surprisingly, Nicodemus does not start the conversation with a question; instead, he begins with an assertion (or a confession?): ›Rabbi, *we know* that you are a teacher coming from God [a God-given teacher?] because no one can do the signs you do unless God were with him‹ (John

[19] Both Jesus' miracle-working activity and the request for a sign from heaven (Mark 8:11–12, par. Matt 16:1–4, Luke 11:16–23, John 2:18; Luke 11:29–32, par. Matt 12:38–42) meet the criterion of multiple attestation. See also J. Roskovec, ›Jesus as Miracle Worker: Historiography and Credibility‹, in: *Jesus Research*, 868–890.

[20] Arguments for Nicodemus' historical authenticity are presented by R. Bauckham, ›Nicodemus and the Gurion Family‹, in *The Testimony of the Beloved Disciple: Narrative, History, and Theology in the Gospel of John* (Grand Rapids, 2007), 137–172.

3:2). This statement appears to hit at least very close to the mark. The ideas that Jesus has come from God and that his true identity is revealed by his ›signs‹ are both authentic Johannine emphases. Nevertheless, Jesus counters Nicodemus' statement by declaring that ›seeing the kingdom of God‹ is contingent on being born again ›from above‹ (ἄνωθεν: 3:3). This leap of logic makes it clear that ›seeing the kingdom of God‹ is to be considered the equivalent of knowing who Jesus is. Jesus asserts that one cannot come to such knowledge simply by virtue of a logical conclusion like the one that Nicodemus had proposed. Thus, a special kind of perception is at stake, and the issue is how it can be obtained.

In his second exchange with Nicodemus, Jesus replaces—and explains—the reference to ›seeing the kingdom‹ with a statement about *entering* it (John 3:5). He insists that this ›contact‹ with the reality of God is possible only through a radical existential change, which he describes as ›being born again from above‹. Nicodemus keeps asking about the *possibility* of such a change, and, when pondering the absurd idea of re-entering his mother's womb, he seems to have naively misunderstood Jesus' words. In reality, however, he only underscores the fact that Jesus is speaking about an ›impossible possibility‹. Jesus' following response indicates that this rebirth can only be brought about by the Spirit, which is an inexplicable phenomenon in itself. The Spirit cannot be grasped in terms of its source (cause) nor according to its goal (intention), nevertheless it can be known by its ›voice‹ (John 3:8).

In responding to another Nicodemus' question about the ›possibility‹ (of the Spirit? John 3:9), Jesus moves from ›earthly matters‹ to ›heavenly ones‹. In typical Johannine fashion, it becomes clear that ›heavenly matters‹ consist in *descent* from heaven (3:12–13). Here, the dialogue reaches its climax. It began with Nicodemus' self-confident assertion about Jesus being ›a teacher who has come from God‹. At the end of the dialogue, it becomes clear that in order to grasp the true nature of Jesus' having come from God, one must contemplate his being ›lifted up like the serpent in the wilderness‹,[21] which signifies his being lifted up on the cross.

This is the Johannine conception of faith. We can put it in a even more succinct way: according to the Gospel of John, to comprehend Jesus' true identity is to understand that he had ›come from God‹ in the fullest possible sense, which is to say that God himself had come in him. However, this truth cannot be grasped anywhere except in the very ›earthly‹

[21] John 3:14–15 is a typological reworking of the story in Numbers 21:6–11. The Johannine reference to this cumbersome story is unique; the main point seems to be that the means of salvation is a depiction of the threat.

Jesus, the ordinary (miracle-working) rabbi from Nazareth. To put it still more sharply: believing means being able to see Jesus' exaltation in his execution on the cross. The only means of unveiling this perception is Jesus' word—his ›voice‹.[22]

In this regard, we may recall Thomas, the model Johannine confessor, who professes his faith using the words ›my Lord and my God‹ in response to Jesus' invitation to ›become a believer‹ while looking at the wounds left on his body by the crucifixion (John 20:27–8). In the perspective of this Johannine understanding of faith, there is an internal consistency in the seemingly paradoxical combination of the ›high‹ Christology conveyed by Jesus' speeches and the ›low‹ portrait of Jesus that distinguishes the narratives in the Gospel of John.

4 *John as a Transformation of Mark and Paul*

As a conclusion, I would like to offer a few remarks designed to show that John's text should be viewed as a transformation of, rather than a substitute for, the Markan account of Jesus' story.

First of all, we should take note of the *continuity between Mark and Paul.* On the surface, Mark's Gospel appears to be the result of a shift of focus to traditions that were completely different from the ones of Paul. There seems to be a transition from the Pauline epistles' focus on the risen Lord to the deeds and words of the earthly Jesus. However, this assessment does not fully capture what Mark actually accomplished. Already William Wrede showed that Mark did not just adopt the Jesus-tradition; he adapted it quite substantially.[23] Therefore, just as important as the fact *that* he had turned to the narrative tradition(s) about Jesus and wrote them down is the way *how* he did it—for instance, how he arranged the material. What point then—or more generally, what meaning did he see in the story that he composed as Jesus' journey from Galilee to Jerusalem, from the baptism to the cross and empty tomb?

Petr Pokorný has demonstrated that the very first verse of Mark (›the beginning of the gospel of Jesus Christ, [the Son of God]‹) should be regarded as the title of the whole work. From Mark 1:1 to 16:8 (the

[22] At the same time, it is the voice of the Spirit, ›the other Paraclete—Comforter‹ (cf. John 14:25–6; 15:26; 16:13).

[23] W. Wrede, *Das Messiasgeheimnis in den Evangelien. Zugleich ein Beitrag zum Verständnis des Markusevangeliums* (Göttingen, 1901).

text's original, ›open‹ ending), Mark writes down *›the beginning of the Gospel‹*.[24] The term ›gospel‹ (εὐαγγέλιον) here probably still has the same meaning that it had in Paul's writings, where it denotes the message about Jesus' resurrection and about the meaning of his death on the cross. The *story* about Jesus that Mark sets out to write down is described as *the beginning*. of the gospel, that is to say, it is intended to show that ›the gospel‹ did not begin only on the cross, but that it had already started in Jesus' ministry. The story establishes the identity of the risen Lord, and thereby, specifies the decisive context for any relationship with him.

At the same time, Mark presents the gospel—i.e. the message about Jesus' relationship to God, about his being the Son of God in a strict sense—as the key to Jesus' story. Although Jesus' true identity as the Son of God is announced by God's voice on two special occasions, by a human being it is recognised only at the point of Jesus' death on the cross.[25]

This fits well with the Pauline concept of the gospel, in which the cross serves as a condensation of Jesus' whole story and identity.[26] We may conclude that Mark transformed the Pauline tradition by using it as an organising principle for the material he adopted from the Jesus tradition.

Turning to John, our first impression is similar to what we have observed with regard to Mark and Paul. John also shifts his focus to materials (traditions) that are different from what he found in Mark (and the other Synoptics).[27] Upon closer examination, however, there are many features in John that justify regarding his text as being a transformation of the Markan tradition. In the first place, John took over the *literary form* of the gospel. In spite of the differences in outline between John and the Synoptics, the similarities prevail.[28] Reading John as an intentional ›intertextual‹ adaptation of the Synoptics is not only possible; it leads to meaningful interpretation of many passages that would otherwise remain

[24] P. Pokorný, ›»Anfang des Evangeliums«. Zum Problem des Anfangs und des Schlusses des Markusevangeliums‹, in: *Bibelauslegung als Theologie* (WUNT 100; Tübingen, 1997), 237–254.

[25] Cf. Mark 1:11; 9:7; 15:39.

[26] Cf. especially 1 Cor 1:17–18, 22–1; 2:2, but also Gal 5:11; 6:12–14; Phil 3:18.

[27] Through careful analysis, C.H. Dodd has showed that there are no reasons to postulate John's *literary* dependence on the Synoptics; see his *Historical Tradition in the Fourth Gospel* (Cambridge, 1963). However, this does not prove that John did not know those traditions or that he did not use them in a different manner.

[28] Cf. U. Schnelle, ›Theologie als kreative Sinnbildung: Johannes als Weiterbildung von Paulus und Markus‹, in: Th. Söding (ed.), *Johannesevangelium: Mitte oder Rand des Kanons? Neue Standortbestimmungen* (QD 203; Freiburg [etc.], 2003), 119–145.

obscure.[29]

My intention here has been to call attention to another link between John and Mark, namely to their main organising principle. The observations made above lead me to conclude that John not only adopted the form of Mark; he also made use of his inner organising principle—and perhaps have gone a step further in its application. In short, Jesus' story is no longer the *beginning* of the gospel for John; it is the gospel itself. The story—written down by the evangelist as a collection of ›signs‹ (John 20:30–31) and ›recalled to mind‹ by ›another Paraclete‹ (John 14:16, 26)—should itself lead the reader to faith.

In John, much like in Paul's epistles, faith comes from hearing the voice of Jesus. However, John makes it clear that this voice must be heard as the voice of the *earthly* Jesus, that means to hear the direct witness of the only one who is in real intimacy with the Father from the lips of the Galilean rabbi.

In this way, the Gospel of John represents the climax of a tendency in New Testament Christology that is already clearly discernible in Paul. A seemingly logical proposition, which maintains that the more Jesus is perceived to be like God (a ›heavenly figure‹), the more remote he becomes from his earthly story, does *not* prove to be true.[30] In fact, the tendency appears to move in the opposite direction, as is demonstrated with special clarity by the Gospel of John. It should be made clear: the ›high‹ Christology in the New Testament does *not* consist in a deification of a man, but rather, in the incarnation (or ›humanisation‹) of God. This is something like a constant that stands behind the major shifts and innovations in early Christian thought, and holds them together so that they may rightly be called ›transformations‹.

[29] This was demonstrated e.g. by H. Thyen in his commentary to John (see note 10).

[30] For a recent summary of this issue, cf. A. Chester, ›High Christology: Whence, When and Why?‹, *Early Christianity* 2 (2011), 22–50.

Joke Spaans

Transformation of Ecclesiastical Discipline in the Dutch Republic around 1700

In the Dutch Republic, the second half of the seventeenth century was marked by rivalry between theological schools and fierce discussions over Cartesianism.[1] Political factionalism related to the position of stadholders from the House of Orange coloured and exacerbated all intellectual debates. The theological and philosophical effervescence of the period intersected with the rapid development of the natural sciences. All of this has earned the Dutch Republic the reputation of being the cradle of the Early Enlightenment and a hotbed of the Radical Enlightenment. In comparison, eighteenth century Dutch church history looks placid, even dull. After 1700, the philosophical and scientific innovations that initially had caused such an uproar were integrated into scholarly routines and no longer conflicted with theology or upset the life of the churches. Apparently, after the novelty had worn off, accommodation between Reformed theology and modernising worldviews proved to be possible, even without an open challenge to the decisions made at the Synod of Dordrecht in 1618–1619. Therefore, the year 1700 seems to mark a pivotal turn in Dutch Reformed Protestantism.

Coming at that particular time, this turn invites further elaboration of the thesis that was formulated by Ernst Troeltsch in a work entitled *Protestantism and Progress*. In that elegant text, Troeltsch argued that the Reformation had remained caught in medieval forms throughout the

1 This paper was funded by a grant from The Netherlands Institute for Advanced Study in the Humanities and Social Sciences (NIAS).

upheavals of the sixteenth century and the confessional configurations of the seventeenth century. In his view, it was only in the eighteenth century that Protestantism had finally come into its own. Unlike his friend and colleague Max Weber, Troeltsch did not see an onset of secularisation or ›disenchantment of the world‹; instead, he perceived that a *modernisation* of religion had started somewhere around 1700. A new type of Protestantism had arrived at an appreciation of humanist *rationalism*, Anabaptist ›*independentism*‹ and the *mysticism* of the early spiritualists. Although all of these had been strongly condemned during the earlier ›confessional‹ era, they succeeded admirably in transforming Protestantism into a religion that could confidently meet the challenges of the modern world.[2]

My current research project explores the interface between theology and actual religious practices in the decades before and after 1700, in order to discover how this process of modernisation actually took shape. This endeavour is not very simple methodologically. The history of ideas has its own methodology and historiography, as does the considerably younger field known as the history of mentalities, which recently was subsumed under the broad umbrella of cultural history. These two subdisciplines study different phenomena; roughly speaking, the first of these has to do with the history of academia, and the second looks at ›the common people‹.

I think that in the end, this division will prove to be counterproductive. Ideas, philosophies, theologies and worldviews in general do not change of their own accord. They make sense of the political, social, cultural and material world in which people live, and more often than not, they undergird accepted authorities and vested interests. When the broader context changes, old ideas will be contested, and new ideas be born. For the history of theology or for church history in general, this means that considering the cultural context is a vitally important aspect of explaining intellectual change. This combined approach has proven very fruitful in studying the history of the Reformation—which was a watershed in both religion and politics. However, much work remains to be done concerning the seventeenth and eighteenth centuries.

2 E. Troeltsch, ›Die Bedeutung des Protestantismus für die Entstehung der modernen Welt‹, *Historische Zeitschrift* 97 (1906) 1–66. Expanded version in Beiheft 2 der historischen Zeitschrift (Munich/Berlin, 1925).

Ecclesiastical discipline is a theme that lends itself to study in this context. Over the last twenty years, something approaching a consensus has grown among Dutch church historians regarding the theory that such discipline waned in the course of the seventeenth century. Although there have been very few quantitative studies that have investigated longer periods of time—and none that cover the eighteenth century—many authors confidently assert that this decline in disciplinary rigour was a direct consequence of diminishing religious fervour and proves that an erosion of the Church's moral authority resulted from Enlightenment ideas.[3]

However, that would make the Dutch Republic an exception in the Protestant world. In both Calvinist and Lutheran polities, representatives of the Church were involved in policing morals up to the end of the *ancien régime* and beyond.[4] Ecclesiastical discipline was often part and parcel of a broader system of social discipline. In some cases—for instance, in Scotland and the Swiss Valangin—the local presbytery was, for all practical purposes, the lowest level of law enforcement. Not only did it admonish sinners in the spirit of Matthew 18, it also meted out secular punishments. More frequently, however, ministers sat with secular officials on regional episcopal courts (in England), ›consistory‹ courts (in the German Empire) and marriage courts (in Switzerland.) These tribunals heard cases related to heterodoxy, blasphemy, profaning the Sabbath, neglect of worship and the sacraments, usury, alcohol abuse, violence, adultery, fornication and marriages involving forbidden degrees of consanguinity and affinity.[5]

3 H. Roodenburg, *Onder censuur. De kerkelijke tucht in de gereformeerde gemeente van Amsterdam 1578–1700* (Hilversum, 1990), 387–389; P. Abels, *Nieuw en ongezien. Kerk en samenleving in de classis Delft en Delfland 1572–1621* (Delft, 1994), II, 15–113; A.Th. van Deursen, *Een dorp in de polder. Graft in de zeventiende eeuw* (Amsterdam, 1994), 87–88; L. Geudeke, *De classis Edam, 1572–1650. Opbouw van een nieuwe kerk in een verdeelde samenleving* (Gouda, 2010); J.I. Israel, *The Dutch Republic. Its Rise, Greatness, and Fall 1477–1806* (Oxford, 1995), 1033.

4 Regarding similarities between Calvinist and Lutheran practices, see H. Schnabel-Schüle, ›Der grosse Unterschied und seine kleinen Folgen. Zum Problem der Kirchenzucht als Unterscheidungskriterium zwischen lutherischer und reformierter Konfession‹, in: M. Hagenmaier & S. Holtz (eds), *Krisenbewußtsein und Krisenbewältigung in der frühen Neuzeit—Crisis in Early Modern Europe. Festschrift für Hans-Christoph Rublack* (Frankfurt am Main, 1992), 197–214.

5 Ph. Benedict, *Christ's Churches Purely Reformed: A Social History of Calvinism* (New Haven, 2002), 460–489; J. Spaans, ›Consistorial discipline in the later seventeenth and eighteenth centuries. An endgame?‹, to be published in: Ch. Parker & G. Starr-Lebeau, *Judging Faith, Punishing Sin* (provisional title; Cambridge, 2014).

On the local level, the Dutch Reformed Church exercised discipline through the *kerkenraad* or consistory. Here, ministers and elders wielded an exclusively spiritual authority, which was strictly separate from the jurisdiction of secular law enforcement. The province of the secular authorities included the authorisation of marriages; litigation; everything pertaining to economic life, including usury; and even the enforcement of public respect for Christian values such as Sabbath rest, moderation of luxury, prevention of public indecencies and the suppression of blasphemy and overt atheism. All of the quantitative research that has been done indicates that there was a decline in the number of disciplinary cases and a narrowed focus on cases involving marriage and conflict resolution. However, new research has shown that many sinners were admonished in private and that many cases discussed by the consistory were not recorded. This has cast considerable doubt on the methodical viability of quantitative approaches and on the conclusions drawn from the results of such studies.[6]

In 1700, the orthodox minister Wilhelmus à Brakel could confidently state that the practice of discipline in the Dutch Reformed Church was generally quite sound.[7] Moreover, through its regional classes and provincial synods, the Reformed Church could—and did—ask the secular authorities to maintain laws and regulations intended to curtail heresies and other ›public sins‹, such as profaning the Sabbath Day; cursing and swearing; and the more boisterous forms of popular culture.[8] On the whole, it appears that secular enforcement of these political regulations may not have been extremely successful, but that was not for lack of trying.[9]

6 See Roodenburg, *Onder censuur*, 142–144, and especially, J. Pollmann, ›Off the record: Problems in the Quantification of Calvinist Church Discipline‹, *Sixteenth Century Journal* 33 (2002), 423–438.

7 W. à Brakel, *Logikè Latreia, dat is Redelyke godts-dienst* (The Hague, 1700), Ch. 25 § 24. (This work has been reprinted many times.)

8 The Dutch classis was a purely ecclesiastical body, consisting of ministers and delegated elders from churches located in a particular area, which usually included a city and its surrounding villages. A typical classis would meet once a month, except in the winter. It had a variety of tasks, but chief among these was examining ministerial candidates; making sure that the correct procedure was followed during the appointment of ministers; mediating conflicts; preparing the agenda for meetings of the provincial synods; and implementing its decisions.

9 For instance, the Harderwijk classis cooperated closely—and fairly successfully—with rural bailiffs to abolish Sunday markets. Gelderse Archieven (Arnhem), Archive classis Harderwijk, inv. nr 114, May 1658, May 1661, April 1676, May 1680. Regarding manslaughter and incest, see inv. nr. 114, April 1675, May 1677, May 1679, May 1680, May 1683; inv. nr. 115, May 1685, April 1686, April

I would argue that discipline was not undermined by the Enlightenment; instead, it was *reshaped.* In the eighteenth century, godly living became a mark of civility, and partaking of the Lord's Supper was evidence of one's standing within the community. An order from the consistory to abstain from Communion was considered to be a stain on one's respectability. Therefore, church members protested vigorously when they felt censure had been applied unjustly or in an unduly harsh manner.[10]

The reshaping of discipline can be demonstrated most clearly by cases in which the censuring minister was himself accused of some kind of misbehaviour. The general procedure in such cases remained constant throughout the early modern period. In the absence of bishops, the conduct of ministers was subject to a mutual—and confidential—brotherly review by the classis, a so-called *censura morum.* In the event of unacceptable teaching or conduct, the classis would discipline the minister; first in private, but if he proved to be unrepentant, also with public admonitions before his congregation; a temporary suspension from his ministerial office, with or without pay; and, in the worst case, formal expulsion from the ministry. Being placed under censure was dramatic and humiliating for both ministers and ordinary church members. Moreover, the more advanced stages of discipline deprived them of their income. A deposed minister had forever lost his honour.

It is my impression that the misconduct of a brother was brought up in a formal *censura morum* only once it had already attracted public attention and when disciplinary action was necessary to safeguard the Church's honour. Sometimes, however, before it had come to that, a minister was accused by a member of his congregation, often in the course of the elders' annual visit to the churches or during home visitations preceding the celebration of the Lord's Supper. If the discipline of a minister by his peers in the classis was often dramatic, criticism from outside the profession itself could turn downright nasty.

A minister serving an ›early modern congregation‹ was in a position of power over ordinary church members—especially, in rural villages—despite

1692, May 1693. Concerning efforts to combat clandestine marriages, see inv. nr. 115, May 1685, April 1686, April 1687, April 1689, April 1692, May 1693, 1695, April 1695.

10 Seating at the communion table was strictly according to rank. See J. Spaans, ›Stad van vele geloven 1578–1795‹, in: W. Frijhoff & M. Prak (eds), *Geschiedenis van Amsterdam,* II-1 (Amsterdam, 2004), 384–467, 397. Examples of acrimony are noted in Roodenburg, *Onder censuur*, 121–122.

the Protestant ideal of the priesthood of all believers. Once he felt cornered by investigations into his shortcomings—and perhaps also by his own bad conscience—a minister could try to silence his accusers by putting them under ecclesiastical discipline, which not only excluded them from Communion, but also undermined their standing in the congregation. In the second half of the seventeenth century, a minister could be confident of the inviolability of his clerical standing and could expect to get away with such behaviour. By the middle of the eighteenth century, the power relationship between ministers and church members had changed dramatically, and with that, the nature of ecclesiastical discipline also changed. Two examples may serve to illustrate this development.

2 *Doctor Winnezeel Humiliated by his Drunken Pastor*

In 1659, the village of Cudelstaart called a candidate named Johannes Aitsma as its minister. However, the ministers of adjacent villages refused to take part in any aspect of Aitsma's ordination because he had a very bad reputation for foul language, sexual looseness and currying favour among the members of the congregation in order to secure his call to Cudelstaart. The latter activity was considered to be simony and was strictly forbidden.

However, in the second half of the seventeenth century, political polarisation was also impacting the Church, as local powerbrokers pressed consistories to prefer their ›clients‹, and call ministers of their own political persuasion and of the theological ›flavour‹ most congenial to it.

This also appears to have been the case in Cudelstaart.

The Utrecht classis advised Cudelstaart's consistory to reconsider its decision. Despite overwhelming evidence that Aitsma was a bad apple, the consistory insisted on its choice. In 1660, Aitsma was appointed in Cudelstaart, despite serious doubts, not only about his conduct, but also about his competence as a theologian.[11] All of this strongly suggests that the consistory had been strong-armed into electing this man.

In 1666, Aitsma's servant girl Aeltien claimed that he had promised to marry her and had gotten her pregnant, but then had reneged on his

11 Het Utrechts Archief (HUA), Archive classis Utrecht (CU), inv. nr. 3, 1 and 29 Nov. 1659, 6–8 March 1660; inv. nr 4, 14–16 Aug., 18 Sept. 1660.

promises. The classis referred the case to the jurisdiction of the local consistory, but explicitly offered the girl the possibility of appealing the verdict. It also warned the minister not to mistreat Aeltien.[12] Obviously, the classis was not at all convinced of Aitsma's innocence, but the consistory seems to have hushed up Aeltien's case.

Some years later, a couple brought a complaint before the classis in which they charged that Aitsma had neglected his pastoral duties in order to engage in secular business. When they had complained to his face, Aitsma had barred them from Communion. Once again, the classis dutifully made inquiries, and apparently found the complaint to be convincing. It mediated between the parties involved, but it also admonished the minister. He did not take the warning seriously, and the classis let it go.[13]

Later the same year, however, a medical doctor named Israel Winnezeel notified Cudelstaart's elders that he could not, in good conscience, receive Communion from Aitsma's hand because he was a notorious alcoholic, was suspected of engaging in fornication, and was a known fraud. Here, we find all of the earlier accusations grouped together and compounded by habitual and public inebriation. Winnezeel demanded that the consistory discipline the minister, but it refused to do that. The doctor then threatened to file a civil suit, whereupon the minister sued him for slander in the Provincial Court of Holland. The doctor called upon the classis to intercede. However, the classis referred the case back to the local consistory, albeit with the strict order that it must take immediate action or forfeit its jurisdiction to the classis. By now, the classis obviously was convinced that Aitsma was a blemish on the entire clerical profession and a disgrace to the Church. The consistory did indeed act promptly, but—and this may be somewhat surprising to a contemporary reader—*in favour* of its minister. It ordered Dr. Winnezeel to apologise to the minister or be excluded from the Lord's Supper. Understandably, Winnezeel appealed this verdict to the classis.[14]

Upon closer investigation, the classis found that all of the accusations against the minister were more than true. Yet even then, his congregation staunchly supported Aitsma; people refused to testify against him, and thereby, obstructed the investigation to the very end. The classis' archive contains a fat folder of sworn testimonies from creditable witnesses from

12 HUA, CU, inv. nr. 4, 6–7 Nov. 1666.
13 HUA, CU, inv. nr. 5, 2–3 March 1675.
14 HUA, CU, inv. nr. 5, 7–8 March, 6–7 June 1676.

outside Aitsma's church who had seen him beastly drunk in taverns, on tow barges and even in the pulpit. They had also seen him in lewd company, heard him curse and swear, and observed him conducting shady business deals. The States of Utrecht withdrew his benefice, and declared the position in Cudelstaart to be vacant.[15] Yet, the minister hung on to his office, preaching in conventicles and living off of the contributions made by those who came to hear him. By this time, the consistory was so bitterly divided that the election of Aitsma's successor had to take place by drawing lots. In the meantime, the consistory denied doctor Winnezeel access to the Lord's Table.[16]

For years, Aitsma continued to harass the classis with demands to be reinstated or to at least receive financial support for his family. After he moved to Amsterdam, the consistory of that city even asked the Utrecht classis to show some leniency, declaring that to all appearances, the former minister was living among them like a decent Christian. However, the classis never gave in, which was a sure sign that Aitsma had seriously violated the boundaries of brotherly solidarity within the classis.

Although it is colourful, Johannes Aitsma's biography is not unique. The records of classes and synods abound in disciplinary proceedings initiated against ministers. In Cudelstaart, discipline not only involved the congregation's purity. In that event, Aitsma should never have been appointed in the first place. Discipline also had to do with preventing divisions, as well as with the honour of all individuals concerned. In the classis, Aitsma's honour as a person conflicted with the honour of the ministerial office and of the Church as a whole. The minister had a bad reputation from the very start, and *censura morum* proved to be an ineffective means of keeping him in line. He must have had strong local backing in order to be appointed against such odds and to be retained by the classis for such a long period of time.

It may not be a coincidence that his accuser was a medical doctor, a man of some standing. Yet, doctor Winnezeel took a considerable risk. He might very well have lost the slander case that Aitsma brought against him before the provincial court.[17] Although the classis eventually deposed Aitsma for abusing his office, it could not protect Winnezeel from revenge

15 File in HUA, CU, inv. nr. 178; procedure in inv. 5, 6–7 June 1676 to 6–8 March 1677 *passim*.

16 HUA, CU, inv. nr. 5, 5–6 March to 4–5 June 1678.

17 For an example of a comparable case, see J. Spaans, *Graphic Satire and Religious Change. The Dutch Republic 1676–1707* (Leiden, 2011), 168.

at the hands of Aitsma's local advocates on the consistory or readmit him to the Lord's Table. During this period, once they had been ordained, ministers were still considered to be a class set apart—like the untouchable Levites of ancient Israel and the clergy of the medieval Church.

3 *The Tax Collector Verhaag Embarrasses the Classis*

Almost a century later, a conflict erupted in the village of Sassenheim between the minister, Johannes Balthasar Bennet, and a member of his congregation named Johannes Verhaag Matthiasz. Verhaag was something of a self-made man and a jack-of-all-trades. He had had a decent start in life. His stepfather was a merchant; he probably was educated at the Illustrious Athenaeum in Amsterdam, where he was born and raised; and he appears to have been well off throughout his life. We encounter him in several capacities: as an author of occasional poetry and political pamphlets, as an apothecary, as a tax collector and as an attorney-at-law. Verhaag seems to have been widely read in a number of fields and to have managed to make a comfortable living from his chequered areas of expertise.

When he arrived in Sassenheim in 1754, Verhaag was an Arminian and probably a Freemason as well. He befriended the local Reformed minister; took catechism classes from him; and was accepted as a member of the Reformed Church. Following a visit with an Arminian friend, Verhaag confessed to Rev. Bennet that he found it to be difficult to defend the Reformed position against the intellectualistic Arminians. The minister taunted him for not being able to hold his own against an Arminian heretic. Verhaag countered by posing a theological question to Bennet and challenging him to do better. Had Christ actually been a lowly carpenter, as Mark 6:3 says he was? Verhaag declared himself unable to accept this deep abasement of the God-Man and Saviour of humankind. Was that really what the text meant?

Bennet took these questions very badly. He immediately accused Verhaag of a series of heresies that prominently featured Socinianism. He blackened Verhaag's reputation among the members of the congregation, but he did not take any of the formal steps of ecclesiastical censure. There were no admonitions; no efforts to disabuse Verhaag of his errors; and no attempts to formally exclude him from the Lord's Supper. Yet, people began to shun Verhaag as an enemy of the faith. Bennet effectively ostracised Verhaag from the village community and demanded that he publicly recant his statements. Verhaag protested that this was slander—whereupon the consistory referred him to the civil courts. However, when he tried to persuade parishioners to testify on his behalf, no one proved willing to do that. It is not so easy to determine why this was the case. On the one hand, ministers may still have commanded considerable respect, but on the other hand, the local population probably did not feel beholden to Verhaag since he was an outsider and something of a troublemaker as well.

After that, Verhaag felt justified in putting his case before the general public. He wrote a lengthy pamphlet that was favourably reviewed in a national journal. His case attracted so much interest that he had the pamphlet reprinted.[18] Bennet repaid Verhaag in kind, and defended his consistory's position against the wayward heretic in a different journal.[19] Interestingly, Verhaag rejected Bennet's claim to authority—which was based solely on his office instead of on his erudition—as being nothing less than popery.

In his pamphlet, Verhaag tells his readers how the questions raised by Mark 6:3 had led him to study those concerns—as every true Protestant was obliged to do. He had consulted the marginal annotations in the States Translation of the Bible; a biblical concordance; and a recent commentary on Mark in the Dutch vernacular. He had also turned to one of the professors of theology at the nearby university in Leiden. That scholar had presented him with no less than seven convincing reasons that Christ's divine calling was perfectly compatible with his labour in Joseph's carpenter's shop. Why had his own minister not been able to answer his questions? Instead, Bennet had snubbed him, saying he had been ›reading too much' and that he should leave book learning to the scholars.

From the standpoint of ecclesiastical procedure, the entire case was a sorry mess. No one had followed the rules. Verhaag further complicated matters by resigning his church membership. He did, however, appeal to the Leiden classis in an attempt to clear his good name. A sizeable

18 J. Verhaag, *Memorie weegens de Valsche Beschuldigingen, en Kerkelyke Proceduuren, voorgevallen tusschen J. Verhaag Matthz., (…), en den Eerw. J.B. Bennet etc.* (Leiden, 1756); *Vervolg van de memorie, etc.* (Leiden, 1757), National Archive The Hague, Archive of the Classis Leiden and Nederrijnland, inv. nr. 101, 101b. Review in *Nederlandsche Jaerboeken,* 10/2 (1756), 1154–1172.

19 ›Bekentmaking van den Kerkenraad te Sassenheim‹, *Boekzaal der geleerde wereld*, February 1757, 184–213.

minority of that classis maintained that the Sassenheim consistory had wronged Verhaag. The classis therefore took on the case even though Verhaag was no longer under Reformed ecclesiastical jurisdiction. The case dragged on for a full seventeen months, and was accompanied by much media coverage. In the eyes of the classis, all of the publicity resulted in Bennet and the entire Church being held up to ridicule. However, the minority faction in the classis seems to have thought that Bennet actually got what he deserved. In the end, Verhaag moved to Rotterdam; Bennet died; and so did the case. Verhaag ended up professing himself to be a member of the Reformed Church who remained outside its actual communion.[20]

Here again, a minister tried to use ecclesiastical discipline as a weapon to silence a church member and probably also to mask his own shortcomings as a pastor and an public intellectual. The classis had to intervene, and although it was not happy with Bennet, its first impulse was to preserve the honour of the minister and of the ministry as a whole. However, unlike doctor Winnezeel, who had had a similar experience almost a century earlier, Verhaag was able to appeal to the court of public opinion by presenting his case to the general readership of the national periodical press. The battle between him and Bennet became a contest of wit. Winnezeel lost to the institutional power of the clergy, whereas Verhaag felt free to assert the right that a Protestant has to defend his theological viewpoint against his minister's censure. Even the classis half-heartedly acknowledged this point.

4 *Epilogue*

What happened in the decades between these two cases was a process of modernisation within the Reformed Church that still remains virtually uncharted. Space constraints permit me to offer only a brief sketch of the main elements of that process. Classes produced and enforced regulations that were aimed at developing ministers who would derive their public authority not from their clerical status as such, but from their education, pastoral skills and godly demeanour. At the same time, a steady

[20] National Archive The Hague, Archive of the Classis Leiden and Nederrijnland, inv. nr. 13, 7 Feb. 1757 to 7 Aug. 1758 *passim*; inv. nr. 43.

improvement of catechetical instruction—which sought to accommodate the distinctive levels of understanding that distinguish pupils of different ages ranging from children to adults—and a rapidly increasing supply of theological books in the vernacular, narrowed the knowledge gap between ministers and parishioners. Ministers were expected to engage their parishioners in civil conversation about their faith; instances of lording it over the laity came to be decried as ›popery‹. Bennet was judged according to criteria that were radically different from those used in the case of Aitsma. Confessional Calvinism had evolved into a reasonable, enlightened form of Protestantism.[21]

Similar developments can be found in the disciplinary cultures of Protestant churches elsewhere in Western Europe. Ecclesiastical discipline continued to thrive everywhere, and often was even valued by common people of faith as a useful tool for preserving—and on occasion, restoring—personal honour and social harmony. However, forms of discipline that were perceived to be unreasonable lost all popular support. In many German principalities, the *Kirchenbuße*, which was demanded of people who had been tried and punished by regional consistory courts before they could be readmitted to full communion, was abolished in the eighteenth century. Prior to that time, the rich would commute that humiliating ritual into a payment of alms. However, poor soldiers and unwed pregnant servant girls could not afford that way out. Men were known to desert the army—and girls to commit suicide—rather than allowing themselves to be shamed before the church. The *Kirchenbuße* came to be viewed as an example of unfair and unduly harsh treatment of the poor, which contradicted the gospels' command to love one's neighbour and was unbecoming to a civilised Christian community. More private rituals of reconciliation were devised instead.[22]

All of these developments can be characterised as ›enlightenment‹, but only in a very general way, which regards the Enlightenment to be a programme for promoting social reform and Christian civility by modernising societies, rather than viewing it as a body of secular and secularising philosophical teachings.

[21] For a useful discussion of the Enlightenment and religion, see D. Sorkin, *The Religious Enlightenment. Protestants, Jews, and Catholics from London to Vienna* (Princeton, 2008).

[22] Spaans, ›Consistorial discipline‹. For Catholic reformers during the Counter-Reformation, this had been the reason that public discipline was not introduced in the first place. See W. de Boer, *Conquest of the Soul. Confession, Discipline, and Public Order in Counter-Reformation Milan* (Leiden, 2001), 231–233.

Gert J. van Klinken

Origins of Liberal Protestantism in a Borderland

The Dutch Reformed Community of Ter Apel, 1796-1854

The separation of Church and State in 1796 opened up a period of rapid transition in the Netherlands. During the process of democratisation, citizens became empowered to make their own decisions regarding politics and theology. Many Protestants opted to retain the classic Calvinist principles, although these were often fused with elements derived from evangelical revival movements. However, others opted for liberalism. This movement (and especially, its manifestations in church life) was denounced as revolution by orthodox Calvinist leaders such as Abraham Kuyper (1837-1920). Liberal Protestants remained convinced that they were transforming tradition instead of destroying it. They were aware that their disapproval of faith in miracles (such as healing through prayer) and their non-allegorical reading of Genesis differed from past views. However, they were convinced that their faith in a ›God who does not play tricks on His creations‹ (and therefore, will not change the fixed order of the operation of the laws of nature) was in keeping with the Bible.

It is interesting to note that after 1796, deciding between orthodoxy and liberalism became a matter of free choice for Dutch Protestants; they could, and indeed did, decide for themselves. The result was a very lively debate, not only at the top academic levels of society, but also in closely knit communities such as Ter Apel. This agricultural village on the Dutch border with Germany was far from Holland's urban centres; thus, it seems like an unlikely location for religious change. In the early nineteenth century, Ter Apel had the looks of a place where few things had changed since the Reformation era. However, looks can be deceiving. The presence of military personnel along the Dutch border; dependence on Jewish traders for items that could not be manufactured locally;

and economic exchange with the Roman Catholic district of Emsland all contributed to an openness to new ideas. F.D.E. Schleiermacher (1768-1834), D.F. Strauss (1808-1874) and A. Schweitzer (1875-1965) all had a major influence on liberal Protestant thought in this border region. It was acknowledged that biblical tradition contained an element of myth, just like most other human belief systems do. However, liberal Protestants were convinced that it remained fully possible to apply the biblical tradition to the practicalities of human life. In Ter Apel, the emergence of liberal Protestant thought can be traced back to the final decade of the eighteenth century.

1 *Rationalism during the French Era and Beyond*

The period between 1795 and 1813, when Holland was under French political domination, has received comparatively little attention from church historians. In a sense, this is a pity because some essential traits of modern Dutch society were established during those years. For instance, Church and State were separated. In principle, church membership became a citizen's free choice. The state no longer felt obliged to control theological dogma; instead, it became quite involved in another area which, until then, had belonged to the Reformed Church's sphere of interest, i.e. the Dutch school system. The defenders of the state school were still members of the Church, but they were also susceptible to the ideas of the Enlightenment. Examples of this ›Christian Enlightenment‹ were not restricted to intellectual centres in the cities. They were also to be found in the countryside, in rural areas, seemingly in the middle of nowhere. Precursors of what was to become liberal Protestantism in the nineteenth century could be found in unexpected places, such as the island of Schiermonnikoog and the village of Ter Apel, in the middle of the marshes and far from any urban centre. This may not have been as strange as it appears. Schiermonnikoog was the home port of sea captains trained in navigation, who were well aware that Christianity was not humankind's only religion. Ter Apel was a borderland. Its entire native population belonged to just two religious groups, but these were very different from one another: Reformed (the farmers) and Jewish (the traders). Beyond that, the military and the customs staff at the border provided ample opportunities for the dissemination of new ideas.

At one point, all of the Reformed farmers attended Sunday services in the town's medieval church cloister. After the Reformation, the monastery *Domus Novae Lucis* of the Order of the Holy Cross became a possession of the municipal authorities of the city of Groningen, provided that the city council would pay for the upkeep of the church and school—and even for the minister's salary. In this part of the world, ›confessionalisation‹ meant that the local farming population had become thoroughly ›orthoprax‹ in their way of life. As records of consistorial acts show, church attendance and participation in church rituals were normative for anyone who was not Jewish. In that small community of only thirty families, people earnestly tried to live according to the biblical commandments. Although they had to work hard for a living, there was no utter destitution; parish relief took care of that. Severe cases of criminality were almost unheard of. In this sense, Ter Apel was a thriving Reformed community. On the other hand, with just a few exceptions (such as the Niemeijer library, which is discussed below), we do not find any evidence of deeply rooted theological convictions. If anything, Calvinism in eighteenth-century Ter Apel appears to have been more ›orthoprax‹ than ›orthodox‹.

2 *Separation of Church and State*

The municipal authorities of the city of Groningen owned the monastery's land, and were also entitled to appoint the local minister. This provides us with a plausible explanation for the absence of theological discussion among the villagers or even by the church consistory. Since—in other places—such dialogue often occurred during discussions regarding the calling of a new minister, it was notably lacking in Ter Apel. The city council was more interested in the way the deacons performed their duties than in the way church discipline was implemented by the elders.

Rev. Lucas van Hulten (1752-1824) was closely related to important families in the city of Groningen.[1] He received his appointment in 1778 from P. Alstorphius and P.G. van Iddekinge, who represented the burgomasters and the council as *unici collators.*[2] He was charged ›to preach

1 www.f-van-hulten.com/genealogy/vanhulten.

2 Alstorphius and van Iddekinge represented the municipal authorities' exclusive right to exercise *ius collationis*, that is, to appoint the local minister.

the pure and clean Word of the Lord ... and to behave as fitting for a pious pastor.‹[3]

The arrival of the French ushered in a new age. Church and State were separated by a decree of the National Assembly. The finances of the Reformed Church were insecure. Funds that had been set aside by the lay authorities of the former Republic for the upkeep of church buildings and ministers' salaries came under scrutiny. There was a proposal afloat to use this money for the poor and for the schools. After the departure of Van Hulten, the city authorities in Groningen made it clear that monetary payments for his successor were uncertain.[4] The new minister would have to make ends meet with what he earned from the *pastoralia*, i.e. the farmlands, cattle and barn which—from time immemorial—had been made available to pastors of rural communities in the north-eastern part of the Netherlands. A young clergyman, who did not appear to scorn living a farmer's existence most days of the week, arrived in Ter Apel.

3 *Koppius, Reformed Minister and Botanist in Ter Apel, 1797-1800*

Whereas Van Hulten had been the *pastor loci* for two decades, Wijbrandus Koppius (1774-1859) held this post for just three years. Yet, his stay would make a lasting impression on the parishioners. Koppius had received a thorough education at the University of Groningen, where he had studied theology, languages, physics and botany. He was also well-versed in Latin. Despite the fact that his father (a wool trader) was of modest means, Koppius had been in no hurry to finish his studies. He financed his prolonged student life by teaching others.[5] His exams before two *classes* of the Reformed Church (first, before the classis in the area of his residence; then, before the classis in which he was to be ordained as a minister) were a great success.[6]

3 P. Alstorphius and the secretary P.G. van Iddekinge, acting on behalf of the burgomasters and the city council in Groningen on 20-2-1778, in: Groninger Archieven (new) inv.nr. 534.

4 ›Wibrandus Joannes Koppius, in: J.P. de Bie, *et al.* (eds), *Biografisch Woordenboek van Protestantsche Godgeleerden in Nederland* V, 's-Gravenhage 1943.

5 One of his favourite topics was Marcus Porcius Cato Uticensis minor (Cato the Younger), a Stoic philosopher who lived between 95 and 46 BCE.

6 J. Poelman and R. Lohman on behalf of the municipality of Groningen, in: Groninger Archieven, city archive (new) inv.nr. 534, fol. 140 r.

Having arrived as ›*Sacrae Scripturae ministerii candidatus*‹, Koppius was ordained on 6 August 1797. The ordination was performed by Simon Hendrik Anton Begemann. The fact that he came from Germany was not at all unusual in the borderlands. Koppius' chosen *intrada* was from 2 Corinthians 1:24: ›not that we lord it over your faith; we work with you for your joy, for you stand firm in your faith‹.

Koppius advocated Christian Enlightenment. He had no wish to control the faith of others by making them merely repeat a fixed set of confessional texts produced in the sixteenth century. Instead, he wanted to work alongside his parishioners to prove the mettle of his type of Christianity in the practical context of daily life. To be a farmer was not a demeaning chore. Quite the contrary, Koppius liked to be out in the fields and meadows. Armed with practical experience, he started to plan all sorts of ›improvements‹. On Sunday, he preached in the church and administered the sacraments. Equally important, however, was the task of education—during catechesis, as a private teacher once again, and as an ardent advocate of the state school. Unlike the situation during the Calvinist Republic, when the school had been the responsibility of the Reformed Church, education was now under the aegis of the State.

Koppius was proud of the fact that the state school welcomed children from all of the religious groups in the village, including the handful of Jews and Roman Catholics. Furthermore, the state school was just the first stepping stone on the path to knowledge and understanding. Science was no ivory tower for just a happy few. Koppius made a point of collecting specimens of rare flowers and plants and sending them to the University of Groningen for closer inspection. These investigations were related to science, but also to faith and theology; every item in Nature had been equipped for its purpose by the Creator.[7] This fact surely could be appreciated by any inhabitant of Ter Apel.

Koppius translated a text by the Swiss classicist Johann Georg Müller (1759-1819).[8] Müller was no admirer of the autocratic tendencies of Napoleon, but he valued the basic tenets of the French Revolution. Human beings should strive to mobilize the intellectual and practical potential within themselves and others. By doing so, they would become free citizens, able to make a contribution to the development of a society that would be both rational and broadminded. The same was true for religion. Unlike the realm of mathematics, religion was not controlled by

7 Cf. L. Ast-Boiten, *Stad tussen Verlichting en Romantiek. Groningen 1780-1850* (Assen, 2011), 193.

8 Cf. K. Schib, ›Johann Georg Müller‹, www.stadtarchiv-schaffhausen.ch/Biographien.

one single exclusive truth. Thus, if such a truth existed at all, it was reflected in the faith and practices of millions of very different individuals. Müller advocated dialogue with Jews and Muslims that would be based on principles of reason which are common to all people. He would have loved to meet with communities that were even further away, such as the Native American tribes on the American continent. Koppius shared these ideas, and published his translation in 1803.[9] His farewell sermon to the community of Ter Apel had already been delivered in 1800. The text was taken from 1 Corinthians 13:11. Koppius appealed to his parishioners to grow within the mould of a mature faith. ›Childish‹ conceptions, rooted in formal authority, instead of in clear reasoning, should be dropped so that there can be progress in the right direction: ›When I was a child, I spoke like a child, I thought like a child, I reasoned like child; when I became a man, I gave up childish ways.‹

4 *Marcus Jan Adriani*

After the constitution of 1801 was implemented, many of the Reformed Church's previous rights and possessions were restored. However, the momentum of the movement toward a new type of theology was unstoppable. Marcus Jan Adriani, who was to become a school inspector in Ter Apel, had served as a minister in Tjalleberd in Frisia. In 1805, he published a little book entitled *Particulars regarding the apostles of Jesus*, which was distributed by the Society of Public Utility.[10] Adriani found congenial spirits in Müller and Koppius. He viewed the biblical book of Acts as being *part* of the great story of human history and culture. For him, Greek and Roman authors were as important as the writers of the Gospels. It could be said that Jesus had been a ›divine person‹, but that did not mean that the laws of nature had lost their validity. Adriani emphasized that miracles—whose possibility he did not deny—were extraordinary phenomena. However, a Christian was part of the ordinary, everyday world,

[9] J.G. Müller, *Viertal brieven ter bevordering van het beoefenen der Geschiedkunde, inzonderheid met betrekking tot de Staatkunde*. Translated from German and annotated by W.J. Koppius (Groningen, 1803).

[10] M.J. Adriani, *De levensbijzonderheden der apostelen van Jezus. Een schoolboek uitgegeven door de Maatschappij tot Nut van 't Algemeen* (Leiden/Deventer/Groningen, 1805).

and magic had no place there. Jesus had been ›the greatest teacher of wisdom‹. Enlightened Christians did not need Pietism in order to understand his life; instead, they needed accurate information, especially with regard to the topography of Palestine and Jewish customs.

In Ter Apel, it was almost impossible to avoid these ideas. The great majority of the population attended worship at the Reformed Church, and children from all of the religious groups in the community attended classes at the state school.[11]

5 *Denominations in Ter Apel and Surrounding Communities, 1810*

	Reformed	Roman Catholic	Lutheran	Jewish	Total
Bourtange	246	10	--	23	279
Vlagtwedde	842	12	2	13	869
Wedde	508	16	2	--	526
Onstwedde	880	--	--	--	880
Sellingen	337	10	--	4	351
Ter Apel	176	6	--	3	185
Total:	2989	54	4	43	3090

6 *Books and Libraries*

The Niemeijer family is known to have possessed a collection of theological books in the late eighteenth century.[12] Many titles reflect an affinity with both Calvinist systematic theology and Pietism. The contrast between that library and the ›reading culture‹ in Ter Apel after 1830 is quite striking. The Niemeijer family read a catechetical work entitled *Catechisatie over den Catechismus* by the orthodox thinker Petrus de

[11] Survey dated 19 ›Slachtmaand‹ (November) 1810, in: Municipal Archive Vlagtwedde inv.nr. 1087 (Bourtange).

[12] C.J. Wegman, *Westerwolders en hun woningbezit van 1568 tot 1829. Het Klooster Ter Apel* (Winschoten, 2005), 55.

Witte (Amsterdam, 1658). The stages of a saintly and spiritual Christian life were known from Theodorus à Brakel's *Trappen des geestlijcken levens* (Amsterdam, 1670) and from a translated text by the English Puritan John Bunyan (1628-1688) entitled *De teedere ingewanden van Christi liefde, aan den zondaar open gelegd en vertoond*. Other translated texts included Scottish literature by John Brown on *Christus de weg, de waerheit ende het leven* (Amsterdam, 1679) and a German treatise on the Last Supper by Friedrich Adolph Lampe bearing the title *Het heyligeruydt-sieraat der bruyloftsgasten des Lams, aan syne verbonts-tafel van het rechte gebruyck des H. Avondmaels* (Amsterdam, 1720). The same subject was dealt with in a work by Franciscus Ridderus (1620-1683), and the Pietist Johannes Verschuir contributed *Waerheit in het binnenste, of bevindelijke godtgeleertheit* (Groningen, 1737). Finally, there was a work entitled *Kern der Christlyke Leere* by Aegidius Francken (Dordrecht, 1713).

The existence of this library in a farmhouse in Ter Apel is remarkable. *After* their years with Koppius, the reading culture of the agriculturists in this area changed rapidly. Evidence of that change can be found in a collection of books belonging to Wubbe Engelberts (1789-1874), a miller from Vlagtwedde, and his son-in-law, the farmer Hindrik Waarsing (1798-1888). Like most families, they too possessed a Bible and a copy of the Heidelberg Catechism. However, Engelberts and Waarsing also started to study the type of literature advocated by Koppius and Adriani. This included treatises on physics, which had been published for the wider public by the Batavian Scientific Society (1799-1806); translated works by Carl Linnaeus and J.G. Sulzer on natural history; an introduction to chemistry by P. van Werkhoven (1815); and titles related to botany, medicine, mortgages, astronomy, finance and public law. Works produced by the new philosophical school known as German idealism (which was launched by G.W. Leibnitz, L. Feuerbach and J.H. Fichte) also became available in Dutch.

The Church could not ignore these new fields of research and inquiry. The Groningen School of theologians (which included Petrus Hofstede de Groot, among others) emphasized an educational paradigm. The Christian should endeavour to reach unprecedented levels of insight and responsibility, as Christ himself had done. Calvinist orthodoxy would argue that this was contrary to the authority of Scripture. However, Engelberts and Waarsing understood F.D.E. Schleiermacher to say that the Bible was a product of human culture, instead of having a supernatural origin.[13] From

[13] Schleiermacher's views were introduced to the Dutch populace by Rev. J.H. Reddingius Gzn. in 1836 with the publication of *Het Christelijk geloof van Schleiermacher in verband tot het rationalismus beschouwd*.

that time on, Engelberts and Waarsing's interest evolved in the direction of the modernist theology of J.H. Scholten (1811-1885), C.W. Opzoomer (1821-1892) and L.S.P. Meijboom (1817-1874). As a final step in their farewell to belief in the supernatural, they purchased C. Busken Huet's *Vragen en antwoorden. Brieven over den Bijbel* (1863).[14]

From that time on, liberal Protestantism in Ter Apel considered itself to be a community of believing Christians who had renounced faith in miracles. When we recall the atmosphere of the late nineteenth century, this development represented a ›pivotal turn‹ for Protestant spirituality—in a little nook of the Dutch countryside.

7 *Homiletics and Theology*

As far as we know, none of the sermons from the nineteenth-century community of Ter Apel have survived to the present day. Thus, we must content ourselves with indirect clues. One hint is provided by a work entitled *De weg der zaligheid, naar het beloop des Bijbels*, which was written by Lucas Egeling (1764-1835). This work on the path to salvation was officially approved by the Synod of the Dutch Reformed Church. The board of the Winschoten classis—to which Ter Apel belonged—recommended Egeling's work to all of its ministers.[15]

Egeling was well aware that he had departed from classic Calvinist anthropology. He saw the created earth as a place to be enjoyed, rather than as a transitory sphere infected with sin. In Egeling's words, ›we honour and thank God's Providence, by Whom all things, and especially man himself, are so wisely and benignly kept in good order; in accordance with nature and its forces‹.[16] Egeling's God acted as a pedagogue who was just—and even stern if necessary—but who was loving in the end. Human beings were sinful indeed, and were often weak. However, they were capable of progress. The teaching regarding the hopeless depravity of humankind, which was posited by Calvinism in light of Adam's fall from grace, was rejected by this assertion: ›if this were to be true, all personal responsibility for our deeds would become an illusion.

[14] C.J. Wegman, ›Twee Westerwoldse bibliomanen uit de 19e eeuw‹, in: *Tijdschrift Westerwolde* 4 (1991), 104-118.

[15] Minutes 31-10-1832, in: Groningen Archives (GA), classis Winschoten, inv.nr. 31.

[16] L. Egeling, *De weg der zaligheid* II-1 (Amsterdam, 1839), 67.

Yet, we possess and retain a *rational freedom* in the way we choose to think and act‹.[17]

Reason and experience formed the cornerstones of the realm of ›natural religion‹. This realm was supplemented and strengthened by ›revealed religion‹. Reassurances that extended beyond reason and empirical verification (such as Jesus' act of atonement on the cross) could be found in the Bible. The practicalities of daily life were augmented by revelation, according to a principle known as Supranaturalism. At first glance, biblical stories were still being told as if they had actually happened. However, the miraculous had lost its previous importance. God's omnipotence was made visible through the good deeds of those who believed. These constituted a new empirical truth known as ›the fruits of faith‹.

As its use of metaphors revealed, biblical language accommodated human perception. Consequently, Christians of good will were entitled to have their own opinions regarding matters such as the Trinity or the pre-existence of Christ. A fixed, uniform creed, like the one that was used during the seventeenth century and was still desired by orthodox Calvinists such as Hendrik de Cock, was rejected. A fixed creed was incompatible with the dynamics of modern society. Petrus Hofstede de Groot, who was a theologian involved in the ›Groningen Movement‹, also emphasised these dynamics. His aim was to educate Christians so that they would be able to cope with new challenges.

The impact of this way of thinking can be deduced from the inventory of the library of Jacobus Heres, who was a farmer in Oudeschans. Heres was a friend of Rev. Wibrandus Koppius, the minister of the Dutch Reformed Church in Blijham, who had previously served in Ter Apel. As the inventory of 1838 noted, Heres possessed various copies of the Bible in both Dutch and French. Apart from that, his interests were mainly focussed on agriculture, history, geography and arithmetics. The topics of grace and redemption, which had been important themes for the Niemeijers in the eighteenth century, were lacking. Heres' interest in theology—as far as it went—did not include scholasticism's finer points. However, he did own some books about biblical geography and an edition of the Apocrypha by J. van der Palm. As far as it went, He seemed to find modern French and German philosophy to be particularly well suited when it came to reflecting on the contents of religion.[18]

17 Idem, 39.

18 IJ. Botke, *›Gaat, krijgt een boek of pen in hant.‹* (Groningen, 1988), 121-122.

8 *Modernisation*

The municipal authorities of the city of Groningen were able to finance the huge expense of reclaiming its extensive moorlands and to subsequently make a profit from the sale of peat and from land development. Building state-of-the-art farmhouses was encouraged, and industrial enterprise flourished due to the availability of local fuel (peat) and infrastructure (canals). Shipping wharfs, stone manufacturers, breweries and agricultural cooperatives offered new opportunities, but also required new skills. A canal connected the village of Ter Apel directly to the unknown world of free enterprise and capitalism.

From that time on, the history of the Dutch Reformed Church in Ter Apel became closely connected to the community's programme of industrial development. Despite the impression of outsiders—many of whom claimed that the mental disposition of the villagers of Ter Apel belonged to the Middle Ages—the church's ministers embraced modernisation. Just as importantly, Ter Apel's schoolmasters opted for a course regarding Christian Enlightenment.

9 *Impact of the Constitution of 1848*

Free thought required responsible citizens. Johan Rudolf Thorbecke was the architect of the Netherlands' liberal constitution. The citizens enjoyed equal rights. They were entitled to come together as they liked; to form societies and (free) churches; and to read whatever they wanted, thanks to the existence of a free press. Church and State were finally separate (as they had already been *in principle* since 1796). Religion became a private matter. The Dutch Reformed Church recognized the signs of the time, and embarked on a programme of internal democratisation.

Public education was encouraged, but Christian and Jewish private education was permitted, as long as it was up to public standards and was able to pay for itself. These principles were ratified by the Education Act of 1857. From then on, education in publicly funded state schools would be strictly neutral. Orthodox Calvinists maintained that the principle of separation implied that state sponsorship of public education should be abolished.

The state school in Ter Apel was housed in the old monastery and was led by Jannes Alberts Verwer (1802-1891). The words in Koppius' farewell address, which had encouraged ›grown-up‹ Christians to do away with childish views, such as a simple belief in miracles, remained dear to him.[19] Verwer believed that his modernistic ideals would benefit from the framework of Dutch nationalism, although many of his Jewish and Roman Catholic pupils in this border region were of German descent. The unifying symbol of national values was ›the scion of the House of Orange, the beloved King Willem, defender of Law and Constitution‹.[20]

Not only was Verwer the head of the school, he also served as the church's parish clerk and was a beadle and preceptor during Sunday services.[21] He was well acquainted with the village and its people. Although he still used a sun dial to measure time, his thinking was progressive. A new era of industrialisation and private enterprise was dawning. His pupils—and their parents—should make haste to acquire new skills in the fields of administration and technology.

10 *The Schortinghuis Family*

Verwer's entreaties fell on fertile ground. Evidence of this fact can be seen in a memoir by a local boy named Sijze Wilto Schortinghuis (1840-1931). Sijze grew up in the border fortress of Bourtange where his father held the post of customs officer. He went to school in that community, and borrowed his first books from the Jewish *hazzan* Joseph Lion.[22] He was also instructed in the Heidelberg Catechism and biblical history by the local minister of the Dutch Reformed Church. Rev. Harmannus Leemhuis (1805-1868) often smoked a long tobacco pipe during the lessons, and used a traditional set of questions and answers to check the progress of his flock. In hindsight, Schortinghuis described this scene as being the epitome of innocence: ›in those days no one had heard of a liberal or

19 S.W. Schortinghuis, ›Herinneringen uit mijn leven‹, III, 41. In: GA.

20 J.A. Verwer to M. Salverda, Ter Apel 27-5-1869, in: GA archive school inspection in the provincie of Groningen, inv.nr. 18.

21 Minutes church wardens 1829-1877, in: Archive Dutch Reformed Church, Ter Apel.

22 E.P. Boon & J.J.M. Lettinck, *De joodse gemeenschappen in Westerwolde* (Utrecht, 2004), 39.

modern line of thought. The writ of the Bible was simply true, to doubt it was the gravest sin imaginable‹.[23]

However, Rev. Leemhuis did not have a monopoly on being a source of information. Bourtange was a lively place where a child could meet all kinds of people. The imagination of young Sijze Wilto was stimulated by his maternal grandparents Hugina Hoevenaar and Simon Schuit. As Republicans (›patriotten‹), they had opposed the House of Orange and had been exiled to France in 1787.[24] There, they had been first hand witnesses of Maximilien de Robespierre's Reign of Terror in 1793-1794 and of the guillotine. One of Hugina's brothers had died as a soldier during Napoleon's Russian campaign. The effect that these stories had on Schortinghuis may be seen in his strong dislike of intolerance, no matter whether it was political or religious in nature.

In 1854, the Schortinghuis family moved to Ter Apel, where Sijze Wilto assisted his father at the customs house. Verwer and his father introduced him to the subjects of geometry, political history and astronomy. The pupil liked his studies so much that he wrote: ›All of a sudden, I understood things better than ever before.‹ During the long winter evenings, Verwer organized a reading group. The members exchanged books, and—more importantly—their ideas about the books' contents. In addition, they taught themselves German. Among the texts being circulated was a work by the Swiss author Johann Heinrich Daniel Zschokke (1771-1848), who tried to prove religion's usefulness using rational and empirical means. Zschokke concluded that God's greatness and goodness are manifested in Nature.[25]

Young Schortinghuis was also impressed by a five-volume work by August von Zimmermann (1743-1815) entitled *Die Erde und ihre Bewohner*, which Verwer had lent to him.[26] Schortinghuis suddenly realised that without even counting Judaism and Christianity, the religions of humankind are *manifold*. Zimmermann's description of the practical wisdom of the Chinese sage Confucius was a turning point for Schortinghuis. He compared its impact to a moment of awakening from ›slumbering‹.

Schortinghuis remained a loyal member of the Dutch Reformed Church. In due time, he would even be delegated to attend the national

[23] S.W. Schortinghuis, ›Herinneringen uit mijn leven‹, II, 10-12.

[24] Regarding Dutch Republicans in France, see: J. Rosendaal, *De Nederlandse Revolutie. Vrijheid, volk en vaderland 1783-1799* (Nijmegen, 2005).

[25] Cf. E. Wenneker, ›Heinrich Zschokke‹, in: *Biographisch-Bibliographisches Kirchenlexikon* XV (Herzberg, 1999), 1588-1595.

[26] E.A.W. von Zimmermann, *Die Erde und ihre Bewohner* (five volumes; Leipzig, 1810-1815).

Synod in The Hague. Nevertheless, the idea that Christianity was the only ›true‹ religion on the face of the earth was beyond his comprehension. This pivotal turn was sustained as Schortinghuis grew up, and was appreciated for having enriched his understanding of the Bible. Although his new insights disturbed his sleep during his teenage years in Ter Apel, Schortinghuis eventually arrived at a state of resolution—or so these words seem to suggest: ›such a prolonged and frightening battle this was, in the recesses of my mind…before I finally learned to appreciate how religion was enriched by leaving old scholastics to the past!‹[27]

By that point, Schortinghuis considered himself to be a Christian of the liberal mould. To be admitted as a full member of the Church was not easy. How could he subscribe to a confession which implied that his revered Confucius would be consumed by the fires of hell? The Church made it easy for him; it required no more than a thorough knowledge of the catechism and a willingness to adhere to its truth—to the extent (*quatenus*) that it contained the will of God. Schortinghuis learned the requisite catechism by heart, and his confirmation went off without a hitch.[28]

Schortinghuis left Ter Apel to pursue a career in politics and business. However, he would never forget the village in which his concept of religion had experienced such a pivotal turn: ›I felt connected to the place, and if my heart would have been given its way, I would have stayed there forever‹, he wrote.[29]

[27] S.W. Schortinghuis, ›Herinneringen uit mijn leven‹, II, 10-12.
[28] S.W. Schortinghuis, ›Herinneringen uit mijn leven‹, typoscript in GA.
[29] S.W. Schortinghuis, ›Herinneringen uit mijn leven‹, IV, 71.

Wim van Vlastuin

Dynamics of Renewal

Towards a Revisitation of Tradition in Reformed Theology

The power that traditions have in Christian practice and theology may serve as a hindrance to biblical renewal.[1] Yet, some Christians emphasise *sola scriptura,* without any respect for tradition and seek the essence of Christianity in renewal and reform. Thus, especially in our individualistic age, it is conceivable that not all Christians are conscious of the great riches of the Christian tradition.

In this paper, a concept for dealing with these issues will be developed. In order to arrive at this concept, I will employ three points to elaborate on the use of tradition. First, I will discuss problems associated with the use of tradition from the perspective of Reformed theology. Second, I will examine theological justifications for the use of tradition. Third, I will investigate the ways in which tradition can be a catalyst for renewal.

1 *The Problem of Tradition for the Reformation*

It is striking that Reformed theologians are discussing the possibilities that tradition has to offer contemporary theology because understanding itself as a movement that went back to biblical Christianity was part of the essence

[1] C. Graafland, *Bijbels en daarom gereformeerd* (Zoetermeer, 2001), 53. For the extended version of this article, see ›Between tradition and renewal: Some considerations about the use of tradition in reformed theology‹, http://www.indieskriflig.org.za/index.php/skriflig/article/view/111.

of the Reformation. This ideal entailed a new return to the Scriptures. In his *Loci Communes* of 1521, Melanchthon made it clear that his work was not meant to lead students away from the Bible and into difficult disputes; instead, it was intended to stimulate people to read the Scriptures.[2]

The movement back to the Scriptures and a distrust of speculative theological disputes led to a focus on soteriological themes.[3] Melanchthon criticised scholastic theologians for their excessive philosophising, and wondered what they had achieved in the course of many centuries of debating the two natures of Christ and the essence of the Incarnation.[4] In contrast to this *inanibus vocabulis* (vain chatter, empty words), Melanchthon identified knowledge of Christ's benefits as theology's underlying principle.[5] It became characteristic for the Reformation to attempt to purify Christianity of all of the excess theological baggage related to rituals and doctrines and to return to the early church, which apparently was judged to be a pure community.[6]

From the reformers' point of view, the concept of *renovatio* was a threat to Christian faith. Although there was a difference between Luther and Calvin in this respect, a suspicious and re-served attitude toward the existing theological tradition was common. Nevertheless, despite this critical attitude toward speculative theology, Calvin made use of several insights from the scholastic tradition.

His rejection of that tradition specifically involved the school of Sorbonne, which he called the ›mother of all errors.‹[7] However, that criticism did not mean that the reformer dismissed scholastic theology as such. In fact, he sometimes used a scholastic, rather than an oratory, style

2 P. Melanchthon, *Loci Communes 1521*, W 6–8. Compare also Calvin's Foreword to the *Institutes*, CR XXX,2–3. For quotations of Calvin's works, I have included references to the Latin edition of his writings: *Joannis Calvini opera quae supersunt omnia* (eds G. Baum, *et al.*; Brunsvigae, 1863–1900), which hereafter will be identified as CR.

3 Compare B. Lohse, *Luthers Theologie in ihrer historischen Entwicklung und in ihrem systematischen Zusammenhang* (Göttingen, 1995), 48–49, 53.

4 *Loci Communes* O 3, 9, 13.

5 *Loci Communes* O 4, 12–13. Compare this passage to Calvin's criticism of philosophers in *Institutes* 1.15.6–7.

6 See especially CR XXXIV, 457–534 where Calvin refers to the Church's better times, 458, 473, 476, 492, etc. Von Harnack wanted to return to the life of Jesus. See E.P. Meijering, *Die Hellenisierung des Christentums im Urteil Adolf von Harnacks* (Amsterdam [etc.], 1985).

7 R.A. Muller, ›Scholasticism in Calvin: a Question of Relation and Disjunction‹, in: *The Unaccomodated Calvin. Studies in the Foundation of a Theological Tradition* (New York/Oxford, 2000), 39–61. The citation regard Scholasticism's erroneous nature is from Calvin's *Institutes* 3.15.7.

in his method of reasoning. Furthermore, in Calvin's oeuvre, there are several examples of places where he refers to the scholastics' distinctive contributions in a positive way.[8] His doctrines of God and the Trinity also demonstrate continuity with the church of the Middle Ages.

This observation clarifies the degree to which Scripture and tradition were interrelated at the time of the Reformation. Although the Reformation is well known for the ›formal‹ principle *sola scriptura*, Calvin's practice is an indication that the appeal to Scripture could not be isolated from the theological tradition.

In contemporary theology, there are several reasons to reconsider the principle of *sola scriptura*. In this context, one should especially be mindful of the problem of subjectivism that is inherent in the appeal to Scripture. Bavinck has already acknowledged that ›the Reformation—deliberately and freely—took its position in the religious subject, in the faith of the Christian, in the testimony of the Holy Spirit‹.[9] Thus, the authority of Scripture ultimately hinged on a subjective conviction.[10]

Bavinck's interpretation is an indication of his post-Kantian point of view. Thus, it may be appropriate to ask whether the theology of the Reformation era can be analysed in terms of the schematic principle of object and subject. However, Bavinck is justified in his observation that since the appeal to the testimony of the Spirit may be used arbitrarily in modern and postmodern cultures, a more nuanced approach to *sola scriptura* is necessary.

In recent times, *Die Krise des Schriftprinzips* between the Reformation and the twenty-first century has increased the problematic character of the appeal to Scripture.[11] However, another important development involves the acknowledgement of the historical nature of Scripture, which implies that Scripture itself participated in the emergence of tradition.[12] In addition, although universal foundationalism made an appeal to common

8 For example, *Institutes* 1.16.9, 2.12.1 and CR LXXXIII,163 (comm. 1 John 2:2)

9 Bavinck, *Reformed Dogmatics* (Grand Rapids, 2003), I, 583. Compare C. van der Kooi, ›The Appeal to the Inner Testimony of the Spirit in H. Bavinck‹, in: *Journal of Reformed Theology* 2 (2008), 103–112.

10 See H. van den Belt, *Autopistia. The Self-Convincing Authority of Scripture in Reformed Theology* (Leiden, 2008), 276.

11 Compare W. Pannenberg, ›Die Krise des Schriftprinzips‹ in *Grundfragen systematischer Theologie. Gesammelte Aufsätze* (Göttingen, 1979), 3, 11–21.

12 1 Corinthians 11:23 provides an example of the fact that Paul passes on what he has received in the way of tradition. See also C. van der Kooi, *Tegenwoordigheid van Geest. Verkenningen op het gebied van de leer van de Heilige Geest* (Kampen, 2006), 191–196; H. van den Belt, ›Die gesproken heeft door de profeten›, in: *Theologia Reformata* 50/4 (2007), 359–360.

rationalistic principles during the modern era, this kind of foundationalism is wavering in the context of postmodern culture. Thus, an appeal to tradition is possible again.[13] This recent development in postmodern culture is related to Bavinck's approach. As a counterbalance to extreme subjectivism, he emphasises that Christian theology is intimately bound up with the Church.[14]

Such issues illustrate a tension between the role of the Spirit's personal testimony in acknowledging the authority of Scripture, on the one hand, and the place of tradition, on the other. This tension illustrates the fact that the process of using theological tradition is complex and calls for a theological justification. We will turn to this matter in the next section.

2 *A Theological Justification for the Use of Tradition*

Rowan Williams has developed a concept which deals with the foregoing questions. In a book entitled *Why Study the Past? The Quest for the Historical Church,* Williams elaborates on the unity of the church in every age and its representation in the concept of the body of Christ. Christians in the early church refused to take part in the Roman Empire's public cults because they understood themselves to be members of Christ's kingdom.[15] Later debates about the two natures of Christ may also be interpreted in terms of this sense of identity with Christ. Williams outlines the history of the Reformation in the process of describing the fact that the image of the body of Christ did not really work in the Middle Ages because of the division between clergy and laity.[16] Luther's declaration that justification is an act of God's free grace underscored the fact that the church's structures do not necessarily correspond to God's deeds. Such developments made it possible for the Reformation to revive the Church's identity as the body of Christ.[17]

However, the question of whether Williams has done justice to the reformers' self-understanding remains to be considered. The

13 See B. van den Toren, *Christian Apologetics as Cross-Cultural Dialogue* (London, 2011), 11-12.

14 Bavinck, *RD* I, 564, 585. See H. van den Belt, *Autopistia,* 266, 281-283, 312.

15 R. Williams, *Why Study the Past? The Quest for the Historical Church* (London, 2005), chapter 2.

16 R. Williams, *Why Study the Past?*, chapter 3.

17 Compare W. van 't Spijker, *Reformatie en geschiedenis* (Goes, 1986), 120, 133.

theologoumenon of the body of Christ is an important eschatological and transcendental reality. Thinking from a trinitarian perspective brings with it an acknowledgement of the leading of the Holy Spirit within the community of saints.[18]

Strikingly enough, although the reformers were focused on relativising an all-encompassing understanding of the Church, such a conception of the church was not absent from their theology.[19] If they had understood their theology in an individualistic way, they would have advocated congregationalism and could not have resisted Anabaptism.

In the course of searching for the secret of this resistance to individualism, the notion of *unio mystica* (mystical union) must be mentioned because this inclusive concept encompasses believers of all times.[20] Calvin's practice of using tradition shows that he had an implicit awareness of being in union with the Church of all ages. However, due to the misuse of, and overemphasis on, tradition, he did not explore *unio mystica* in his own theology. Nevertheless, the current use of this concept, which involves a ›thematising‹ of tradition, can be viewed as a retrieval of a Reformed notion.

Thinking and theologising from the perspective of an ›embodied‹ union with Christ means that Christianity is not understood as being part of history; rather, history is understood as being an aspect of Christianity.[21] Understanding history from the perspective of Christ also involves distinguishing between history in general and the history of salvation and the saga of the Church in particular.[22] Thus, this viewpoint corrects the arrogant idea that believers from the twenty-first century know more than believers from earlier times.[23]

18 Compare C. van der Kooi, ›The Appeal‹, 111–112.

19 Luther emphasised the interpretation of Scripture within the communion of saints. See B. Rothen, *Die Klarheit der Schrift. Martin Luther: die wiederentdeckten Grundlagen* (Göttingen, 1990), 79. Regarding the Reformed tradition, see R.A. Muller, *Post-Reformation Dogmatics* 2: *Holy Scripture. The Cognitive Foundation of Theology* (Grand Rapids, 1993), 471–487.

20 Regarding the ›revival‹ of interest in Calvin and *unio mystica*, compare these works, among others: J. Todd Billings, ›United to God through Christ: Assessing Calvin on the Question of Deification‹, in: *Harvard Theological Journal* 98/3, 315-334; *Calvin, Participation, and the Gift: The Activity of Believers in Union with Christ* (Oxford, 2008); *Union with Christ. Reframing Theology and Ministry for the Church* (Grand Rapids, 2011); J. Canlis, *Calvin's Ladder. A Spiritual Theology of Ascent and Ascension* (Grand Rapids, 2010).

21 R. Williams, *Why Study the Past?* 6–7.

22 W. van ›t Spijker, *Reformatie en geschiedenis,* 189.

23 J. Webster, ›Theologies of Retrieval‹, 590.

Another implication of this perspective is that sound and useful contemporary theology needs nothing more than? the recovery of the past, as if a pure Christian past ever existed.[24] Without unreservedly identifying ourselves with the Church of former times or failing to be mindful of past anomalies, we can acknowledge the catholic body of Christ in terms of our understanding of God's revelation.[25] Christian theology does not start *de novo*; rather, it originates in the consciousness that the cumulative wisdom of the ages is found in the Church.

Voetius described this consciousness in this way: ›with the great theologians, I declare that I [discern] a road that is much walked on, a safe road‹.[26] Groen van Prinsterer spoke of the ›historical faith‹.[27] Moreover, he interpreted the development of confessed faith as being an organic progress in which it would be inconceivable to not affirm the historical faith.[28] C.S. Lewis has argued on behalf of the great worth of tradition. To broaden our own limited outlook, we should prefer old books over new books because when reading new books, we do not look beyond our own time.[29]

These examples demonstrate that interpreting Scripture should happen in dialogue with the Church. The Church's awareness of itself as a community that has existed throughout the centuries has a fourfold function. First, it protects the church from subversive theological developments.[30] Second, Lewis' statement suggests that an appreciation for traditional theology lifts the Church above the narrow perspective of its own time. Third, being conscious of the historical aspect of Christ's Church provides comfort during periods when the Christian faith is in decline. Fourth, the Christian faith›s historical awareness will enable the Church to maintain an independent attitude in a culture where new developments in science, technology and politics are regarded as the guarantors of truth.

24 J. Webster, ›Theologies of Retrieval‹, 596–597.

25 A. van de Beek elaborates on catholicity in *Lichaam en Geest van Christus. De theologie van de kerk en de Heilige Geest* (Zoetermeer, 2012), 68–96.

26 G. Voetius, *De praktijk der godzaligheid* (Utrecht, 2002), lvii.

27 G. Groen van Prinsterer, *Het regt der hervormde gezindheid* (Amsterdam, 1848), 76, 81.

28 G. Groen van Prinsterer, *Het regt der hervormde gezindheid,* 30, 48.

29 C.S. Lewis, ›Introduction‹, in: St. Athanasius, *On the Incarnation: De Incarnatione Verbi Dei* (New York, 1996). Lewis also used the metaphor of a map in *Mere Christianity* (London, 1953), 121–122.

30 This aspect of catholicity was stressed most strongly by the early church. See Irenaeus, *Adversus haereses* I.10.3. The Athanasian Creed states that people who do ›not keep [the faith] whole and undefiled‹ shall be lost (art. 2). Vincent of Lerinum defined ›catholic‹ as that which is believed always by everyone. *Commonitorium* I.2 (J.-P. Migne, *Patrologia Latina* (Paris 1844–1864), 50:640).

3 *Tradition as a Catalyst for Renewal*

The previously mentioned conclusion that tradition is a necessary aspect of the body of Christ may leave the impression that the Church is somehow imprisoned by tradition.[31] This observation necessitates a further analysis of the nature of tradition as seen from the perspective of the body of Christ.

It is important to note that approaching tradition from the perspective of Christ's Incarnation opens up a world that previously was closed. The eschatological and transcendental aspects of the Incarnation mean that believers are no longer enclosed within the boundaries of human history or knowledge; instead, they have access to knowledge that lies beyond human understanding. Thus, this approach is crucial. On the one hand, it involves breaking through a limiting Kantian concept. The effect of the Kantian separation of transcendent and immanent (terrestrial) realities has been to make the idea of revelation problematic. Believers and theologians alike tend to think from a closed worldview and to exalt the rational subject to the status of being epistemologically and metaphysically foundational.[32] On the other hand, approaching tradition from the perspective of Christ's Incarnation points to the contingent nature of human history. In contrast with classical Greek thought, Johannes Duns Scotus made it clear that this contingency is not incidental; rather, it is structural.[33]

The implications that this perspective has for interpreting history are profound. While science presupposes general laws and repeatable occurrences, the very idea of an ›open‹ history critiques the deterministic tendencies of the dominant worldview because it has room for, and can justify, unique events.

Another implication of the concept of historical contingency is the recognition that speaking about God's acts does not necessarily involve a deterministic understanding of history. It would have been possible for God, as the grandmaster chess player of history, to lead its development along a different route. Thinking from the perspective of contingency means that history is not viewed as a single line; it is seen as a line in a

[31] W. van 't Spijker contends that viewing the Reformation as being normative is ›non-reformed‹ (*Reformatie en geschiedenis,* 186).

[32] See J. Webster, ›Theologies of Retrieval‹, in: *Oxford Handbook of Systematic Theology* (Oxford, 2007), 589.

[33] See A. Vos, H. Veldhuis, *et al., Johannes Duns Scotus. Contingency and Freedom, Lectura I 39* (Dordrecht/Boston, 1994); A. Vos, *The Philosophy of John Duns Scotus* (Edinburgh, 2006). E. Mackay applies these insights to the philosophy of history in *Gedenkstenen in de Jordaan. Opstellen over geschiedenis, traditie en cultuur* (Heerenveen, 2000), 29–34.

plane. God has drawn a line in the plane of history, but God had the ability to draw that line in another direction.

Its contingent nature implies that every moment of history has a unique character. This is especially true of the history of the Church as the body of Christ—which conceivably is the greatest factor in history and the greatest factor shaping history. This perception is revolutionary for the Christian tradition's self-understanding. During the Reformation, Luther and Calvin also could easily assert *tota noster* (totally ours) with Augustine because they did not discount the fact that the past and the present have their own historical contexts.[34] Therefore, the past cannot be copied without ›transcription errors‹. Consciousness of the dynamic character of the past is an antidote to the idea that tradition is a fossil.

Theological retrieval does not involve striving to repeat history; instead, it requires an appreciation of the fact that different aspects of history are relevant in different situations and that these different aspects require different approaches. Studying historical theology in its cultural context opens up the possibility that while the voices of the past are being heard, old theological debates will acquire a fresh application and reframing in the present.[35]

The depth and relevance of certain doctrines are clearly and convincingly demonstrated by specific historical situations. Theologians of retrieval are aware that theologians of an earlier era may have had opportunities for insight that exceed present possibilities.[36] That makes the conversation with earlier theologians necessary and helpful. Reading the Bible ›with‹ pre-modern theologians will awaken our own minds to presuppositions that were operative then and are active now. Thus, an *interpretatio continua* (continuum of interpretation) of Scripture may develop.

We not only read Scripture with Christians from earlier cultures, but also in fellowship with Christians from other cultures in our own time. In our individualistic western society, we tend not to be sensitive to the kinship structures that underlie Scripture. Involvement in the communion of saints with Christians in Africa will help us to be sensitive to these aspects of the Bible and to thereby come to a deeper understanding of the Word of God.

Perhaps a metaphor will help illustrate contemporary theology's use of tradition to understand Scripture.[37] If we were to regard historic

[34] See E. Mackay, *Gedenkstenen,* 52.

[35] See J. Todd Billings, *Union with Christ. Reframing Theology and Ministry for the Church* (Grand Rapids, 2011), 2.

[36] J. Todd Billings, *Union with Christ,* 4–5.

[37] Compare B. van den Toren, *Christian Apologetics,* 45.

doctrines as the foundation of the building that houses the Church and theology, going back to tradition would entail demolishing the Church's historic building and reconstructing it again and again. The metaphor of reading a book may be more accessible. Reading a book is often done in a critical way. Perhaps we do not agree with the whole discussion, but we accept certain insights and give them a place in our own view of reality. This is the way we may read the various understandings of Scripture that exist within the communion of saints. Where they differ, our interest is awakened; we test our own understanding and add new insights to our own interpretation.

John Webster has provided several examples of such new understandings of Scripture and of the historic Church.[38] The revival of trinitarian theology is well known, and doctrines of the Church and of creation are also being reconsidered. Luther's doctrine of the bondage of the will and his theology of the cross have had many new applications in contemporary culture and theology. Moreover, we may intuit a reconsideration of angelology will be relevant in a postmodern culture that is characterised by an openness to a higher spiritual world.

In Reformed theology, the concept of *unio mystica* is an example of the transmission of a traditional theme. Although Calvin already had an appreciation for the broader applicability of this theologoumenon, his development of this doctrine was limited. Whereas Irenaeus used this concept to counter the gnostic tendency to deny the goodness of creation, Calvin used it to do justice to God's transcendence in the context of humanism.[39] Perhaps Canlis' important discovery of Calvin's use of *unio mystica* to speak of ascending to heaven with Christ should be explored in our setting so that we can arrive at a deeper understanding of the transcendent nature of Christ's kingdom, on the one hand, and develop a fresh theology of spirituality, on the other hand.

J. Todd Billings has shown how the concept of *unio cum Christo* can be explored in relation to several other theological themes.[40] His examples demonstrate that theological concepts can have sociological applications and consequences. This insight may be taken even further. It is a striking fact of the history of the Church that the Great Awakening was one of the instruments that contributed to the abolition of slavery. During that movement of spiritual revival, black slaves and their white masters were united in the Lord's Supper during Jonathan Edwards' ministry at

38 J. Webster, ›Theologies of Retrieval‹, 583–599.

39 J. Canlis, *Calvin's Ladder,* 21–22.

40 J. Todd Billings, *Union with Christ.*

Northampton Church.[41] The Great Awakening was characterised by a new understanding of the equality of different races. This insight had a great political, cultural and sociological impact, which has continued to the present day. Thus, we cannot even imagine thinking as our ancestors thought before the Great Awakening.

This is only one example of the way in which living an eschatological existence affords opportunities for people to criticise and transform existing institutions. We may envision that Christian insights into the equality of the races and other theological concepts will find fresh applications in today's society.

4 *Conclusion*

This essay has shown that the obverse side of the power of *sola scriptura* is the weakness of its subjective appeal to Scripture. This problem was not explicitly resolved at the time of the Reformation. The concept of the Church as the body of Christ which unites all ages appears to be a remedy to that subjectivism and a reminder to today's Church that it is called to remain faithful to the Church's tradition of faith. Before we think about theological innovations, we should have a thorough knowledge and understanding of the Christian tradition.

It appears that the finest cumulative wisdom of many ages not only gives stability to the Christian community and leads to a deeper understanding of the riches of the faith; it also opens up storehouses of wisdom that may give rise to new applications and fresh answers in times of crisis. Such wisdom may also function as a catalyst for renewal in times of transition. These two dimensions of the historic faith in the body of Christ are bound to each other in a qualified relationship: every theological renewal presupposes the catholic truth. Several questions remain—such as the boundaries of tradition and the integrity of renewal. However, this concept may help the Church reflect on and be conscious of its relationship to tradition.

[41] See G.M. Marsden, *Jonathan Edwards. A Life* (New Haven, 2003), 258.

Petr Jandejsek

Encountering the Tradition of Liberation Theology

The Case of Jon Sobrino

1 *Liberation Theology and Its Context*

In this article, I will trace the nature of developments in the Christian faith tradition that are related to Latin American liberation theology.[1] The theology of liberation is a relatively new stream with roots that only go back to the 1960s. However, it has been argued that this stream has now developed into a distinctive theological tradition and has become part of the broader theological enterprise.[2] This school primarily contributes to the Christian tradition by introducing the perspective of the needy and by providing an option for the poor. In this respect, liberation theology is not entirely new; rather, it retrieves a noble ecclesiastical tradition that identifies Christ with the poor.[3] Even this christocentric application draws on a long tradition which reflects the Jewish realisation that ›the poor among us are the object of God's special concern and must therefore be our concern as well‹.[4]

1 This article is part of my doctoral research on the contextual Christology of three contemporary Jesuit theologians: Jacques Dupuis, Jon Sobrino and Roger Haight.

2 J. Sobrino, ›Epilogue‹, in: J.M. Vigil (ed.), *Getting the Poor Down from the Cross.* Christology of Liberation [online] (2007), [cit. 2012-08-02]. Available at: <http://servicioskoinonia.org/LibrosDigitales/LDK/EATWOTGettingThePoorDown.pdf>, p. 305; L.A.G. Dávalos, ›The Apostolicity of the Option for the Poor‹, in Vigil (ed.), *Getting the Poor*, 132.

3 L.C. Susin, ›The Privilege and the Danger of the »Theological Setting« of the Poor‹, in: Vigil (ed.), *Getting the Poor*, 283; D.G. Groody (ed.), *The Option for the Poor In Christian Theology* (Notre Dame, 2007), 3.

4 B.E. Daley, ›The Cappadocian Fathers and the Option for the Poor‹, in: Groody (ed.), *The Option for the Poor*, 83.

I will explore this renewed awareness by first looking at the methodology of liberation theology and then examining two traditional *topoi* and their interpretation by a Jesuit theologian named Jon Sobrino. This discussion may help support the conclusion that although liberation theology does not work with tradition in a programmatic way, it does, in fact, move tradition forward. Recognised fathers of liberation theology like Gustavo Gutiérrez, Leonardo Boff and Jon Sobrino began their work around the time of the Second Vatican Council. Thus, their theology was still deeply embedded in the Thomism that they built upon and sought to re-express. These thinkers' novelty did not come from their attempts to directly enter into and reinterpret time-honoured theological concepts, be they patristic, scholastic or Reformed. Rather, it resulted from their recognition of the importance of Latin America's singularity as a *locus theologicus* and of the need to respond theologically to the situation of the people there, including, in particular, the *poor*.[5]

The context in which liberation theology emerged and the setting that influenced its response to tradition was full of tension and change.[6] In one sense, it originated during a time of lost hopes. The ambitious theories and plans for development that were laid out after the Second World War proved to be too weak. Instead of development, social inequalities deepened and mass poverty prevailed. Against the backdrop of the Cold War, Latin America became politically and economically dependent on the United States, and this dependence brought with it a rise in violence.

The image of Christ that had been operative up to that point led to passivity in the face of the human predicament. Suffering was not a challenge; rather, it was a burden — a cross — that we are asked to bear. Religion played the role of providing consolation. Nevertheless, Sobrino writes that something new had happened some years before: ›the traditional suffering Christ came to be seen, not just as a symbol of suffering to be identified with, but also and especially as a symbol of protest against that suffering and, above all, as a symbol of liberation‹.[7]

The Second Vatican Council coincided with this surprising shift and

[5] I am grateful to Tim Noble of the International Baptist Theological Seminary in Prague for this and other comments, as well as for reading this text and commenting on that.

[6] G. Gutiérrez, *A Theology of Liberation. History, Politics and Salvation* (London, 1974); D. Tombs, *Latin American Liberation Theology* (Boston/Leiden, 2002).

[7] Sobrino elaborates on this topic in the first chapter of *Jesus the Liberator. A Historical-Theological Reading of Jesus of Nazareth* (New York, 1993).

also contributed to the Church's interest in social justice and solidarity.[8] As a council that was intentionally pastoral, it wanted—although not without a push from the Latin American bishops—to make it clear that the faith tradition must be read through the prism of contemporary pastoral concerns. The Latin American Episcopal Conference made the Council's ›preferential option for the poor‹ its own at the 1968 Medellín Conference. At the same time, it expressed official support for *Comunidades Eclesiais de Base* [Ecclesiastical Base Communities—CEB].

This brief sketch of the changing politico-religious situation in Latin America during the second half of the twentieth century may indicate how fruitful the ground was for what sprang up as a theology of *liberation*.

2 *Jon Sobrino and his Theological Method*

Jon Sobrino was born in Barcelona in 1938. He joined the Jesuit Order in 1956 and has lived in El Salvador since 1957. He is well known for his Christological works. His first book on Jesus, which bears the title Christology at the Crossroads: A Latin American Approach, was published in 1976. Sobrino's most important work is a two-volume text entitled Jesus the Liberator: A Historical Theological Reading of Jesus of Nazareth (1991) and Christ the Liberator. A View from the Victims (1999).

Having spent decades in an environment tainted by poverty, oppression and murder, Sobrino began to construct a theology that started from the position of the ›victims‹ of such calamities. He says: ›The poor and the victims bring theology something more important than contents; they bring light by which we can see the contents properly‹.[9] This statement foreshadows the way in which Sobrino eventually relates to the faith tradition.

The fact that liberation theology reworks tradition (albeit in ways which are not always desired) has even been acknowledged by its opponents. In Sobrino's case, this admission was expressed *explicitly* by the Congregation for the Doctrine of the Faith in its Notification on the works

[8] See especially the opening words of the Pastoral Constitution *Gaudium et Spes*. In 1967, the socially critical tone of this document was developed even further in an encyclical by Pope Paul VI entitled *Populorum Progressio*.

[9] J. Sobrino, *Christ the Liberator. A View from the Victims* (New York, 2001), 8.

of Father Jon Sobrino, SJ, *Jesucristo liberador. Lectura histórico-teológica de Jesús de Nazaret* and *La fe en Jesucristo. Ensayo desde las víctimas* (which are the original titles of the two-volume Christological work mentioned above). The Congregation believed that ›the aforementioned works of Father Sobrino contain notable discrepancies with the faith of the Church‹.[10] This paper is not intended to analyze the Congregation's notification. I mainly want to argue that Sobrino does indeed move tradition forward, while simultaneously remaining faithful to it. If we read Sobrino carefully, fairly and sympathetically, we will see that ultimately, the Congregation's concerns were not justified and that Sobrino has tried to remain profoundly faithful to the Church's tradition. However, that necessarily means change.

Sobrino's commitment to the Church's living tradition is in close accord with the Second Vatican Council's teachings

regarding the development of tradition. That position began to be elaborated in the nineteenth century by the Catholic theologians such as Johann Adam Möhler and Cardinal John Henry Newman.[11] *Dei Verbum*—the Dogmatic Constitution on Divine Revelation—emphasised that there has been ›a growth in the understanding of the realities and the words which have been handed down‹. Regarding the ways in which such growth occurs, the document mentions ›contemplation and study made by believers‹; ›a penetrating understanding of the spiritual realities which they experience‹; and the preaching of bishops. [12]

Sobrino takes all three ways into account, although he mainly discusses spiritual experience. Apparently, this emphasis has its roots in his Ignatian (Jesuit) spiritual formation. He has the experiences of the world's victims—and of the God of those victims—in mind. This doubtlessly is a spiritual experience for Sobrino since it reveals an incarnate and suffering God, as well as a God of hope and love. Such experiences enrich our understanding of the faith tradition.

10 Congregation for the Doctrine of the Faith, Notification on the works of Father Jon Sobrino, SJ, *Jesucristo liberador. Lectura histórico-teológica de Jesús de Nazaret* and *La fe en Jesucristo. Ensayo desde las víctimas* [online], 2007 [cit. 2012-08-02]. Available at: <http://www.vatican.va/roman_curia/congregations/cfaith/documents/rc_con_cfaith_doc_20061126_notification-sobrino_en.html>.

11 T. Schoof, *Aggiornamento na prahu 3. tisíciletí? Vývoj moderní katolické teologie* [*Aggiornamento* at the turn of the third century? The development of modern Catholic theology] (Praha, 2004).

12 Dogmatic Constitution on Divine Revelation (*Dei Verbum*) of the Second Vatican Council, art. 8 [online], 1965 [cit. 2012-08-02]. Available at: <http://www.vatican.va/archive/hist_councils/ii_vatican_council/documents/vat-ii_const_19651118_dei-verbum_en.html>.

With respect to the other means through which tradition grows, Sobrino may arguably be less articulate, although he certainly does not consider those to be less significant. Concerning the role of bishops, for example, he repeatedly recalls the influence that Oscar Romero, the archbishop of San Salvador, had on the development of the faith of the Salvadoran people.[13] Regarding the significance of study undertaken by believers, Sobrino would argue that one cannot study theology apart from the world. For Sobrino, knowing the processes of the world is structurally related to knowing the processes of the Word in the world (or even the processes going on within the Trinity, although Sobrino does not elaborate on this idea in specific terms). This may mean, for example, that we will fail to see some of the crucifixion's important theological implications if we look at it only through metaphysical abstractions and not by considering the injustice and violence in Jesus' day and in our own time.[14]

Sobrino elaborates on the potential for growth in our understanding of tradition by means of a methodological distinction between the sources of—and settings for—theology. This approach may be viewed as a specific application of the methodology of liberation theology. ›Settings‹ are what Clodovis Boff calls socio-analytic mediation, while ›sources‹ are what he refers to as hermeneutic mediation. To use the terminology employed in the Pastoral Cycle, settings are related to the call to ›see‹ and sources have to do with the summons to ›judge‹.[15]

The ideal method for studying dogmatic theology, which was proposed in *Optatam Totius* (the Second Vatican Council's Decree on Priestly Training) began with a consideration of normative sources. In particular, these included Scripture and other creedal statements formulated by Church Councils and the Church Fathers. It then proceeded to examine the speculative phase of philosophical theology, before arriving at its final stage, which involved communicating the message of faith to our contemporaries in comprehensible language.[16]

13 J. Sobrino, *The Latin American Martyrs: Summons and Grace for the Church* (Notre Dame, 2007). D.G. Groody (ed.), *The Option for the Poor*, 89–116.

14 J. Sobrino, *No Salvation Outside the Poor: Prophetic-Utopian Essays* (New York, 2008).

15 C. Boff, ›Methodology of the Theology of Liberation‹, in: J. Sobrino & I. Ellacuria (eds), *Systematic Theology. Perspectives from Liberation Theology* (New York 1993), 1–21. See also Tim Noble's recent analysis of the methodology of liberation theology in *The Poor in Liberation Theology: Pathway to God or Ideological Construct?* (Sheffield/Bristol, CT, 2013).

16 *Optatam totius*, art. 16 [online], 1965 [cit. 2012-08-02]. Available at: <http://www.vatican.va/archive/hist_councils/ii_vatican_council/documents/vat-ii_decree_19651028_optatam-totius_en.html>.

Sobrino finds the linearity of this traditional method to be problematic.[17] Needless to say, theology's definitive source is God's revelation, which is embodied in texts from the past—particularly, in the New Testament. In the Catholic tradition, this revelation is interpreted authoritatively by the Magisterium, but it is obvious that theology is not done in a historical vacuum. ›One must always be situated in a particular reality to read the sources of revelation and reflect on them‹.[18] Sobrino adds that ›the most adequate setting to do theology is the place where the God of Jesus manifested Himself in a special way.... »Setting« means the *reality* from which the believer believes and the theologian reflects‹.[19] Sobrino's fellow Jesuit Ignacio Ellacuría puts it this way: ›thanks to the setting and by virtue of it, particular contents become relevant and really present‹.[20] Interestingly enough, the same approach was advocated by Pope Paul VI, who gave a speech in 1970 in which he said: ›Christ became the contemporary of a particular group of people and spoke their language. Fidelity to him requires that this contemporaneity continues.... Between the two fidelities, fidelity to the Incarnate Word and to the people of today, there cannot and must not be opposition‹.[21]

[17] See especially J. Sobrino, *Jesus in Latin America* (New York, 1987) and Sobrino, *Jesus the Liberator.*

[18] Sobrino, ›Epilogue‹, 312.

[19] Sobrino, ›Epilogue‹, 312–313.

[20] Sobrino, ›Epilogue‹, 313. Elsewhere, Sobrino identifies the ecclesial setting of theology with the poor of this world (Sobrino, *Jesus the Liberator*, 28). For a critique of Sobrino's position on this issue, see article two of the Congregation for the Doctrine of the Faith, Notification on the works of Father Jon Sobrino, SJ, which reads: ›the ecclesial foundation of Christology may not be identified with »the Church of the poor«, but is found rather in the apostolic faith transmitted through the Church for all generations. The theologian, in his particular vocation in the Church, must continually bear in mind that theology is the science of the faith. Other points of departure for theological work run the risk of arbitrariness and end in a misrepresentation of the same faith‹. A number of essays that discuss Sobrino's dispute with the Congregation for the Doctrine of Faith have been published in Vigil, *Getting the Poor.*

[21] Quoted in C. Mesters, *Defenseless Flower: A New Reading of the Bible* (New York, 1989), 125–126.

Sobrino interprets some of the *topoi* that have been passed on by tradition by means of the distinction between sources and settings. For this paper, I have chosen two examples that had their origin in the Patristic Period. We will explore these now.

Sobrino believes that not only synchronic dialogue between places, cultures, churches and—more and more—between religions is important; diachronic dialogue within a single tradition that spans the centuries is also essential. However, he summarily warns that we must take the present seriously. ›It does not seem adequate to me to refer us back in such a manner to the past, as if the past were jealous of and superior to everything new. This would be forcing the God of today to remain obscured in the shadows‹.[22]

Sobrino's interest in the patristic tradition is not historical-critical in nature, and he paraphrases its sources in a rather inspirational manner. Yet, his very decision to ›retrieve‹ the ancient sources and to transfer them to a new context demonstrates Sobrino's conviction about the continuity of faith. He is primarily engaged in contextualizing and historicizing the tradition. For him, this means enabling old expressions to speak to the present age—to a present that is significantly marked by the suffering of its victims.[23]

3.1 *Gloria Dei Vivens Homo*

Irenaeus, the second-century Bishop of Lyon (*c.*125–202), wrote the words *Gloria Dei vivens homo* [the glory of God is a living human being] in a treatise entitled *Against Heresies*. There he puts forth an all-encompassing vision which characterises salvation as the recapitulation of everything in

[22] Sobrino, ›Epilogue‹, 311. From an ecumenical perspective, there is an interesting parallel between Sobrino's position and the Orthodox neo-patristic school. A representative of that school, Fr Georges Florovsky, writes that ›the creative journey to the roots leads forward‹ and has the power to give rebirth and affirmation to life. I. Noble & T. Noble, ›A Latin Appropriation of Christian Hellenism: Florovsky's Marginal Note to *Patristics and Modern Theology* and Its Possible Addressee‹, *St Vladimir's Theological Quarterly* 56/3 (2012), 269–287: 278–280.

[23] Elsewhere, using *The Spiritual Exercises* of Saint Ignatius of Loyola, Sobrino reminds the reader that he is simply repeating what one can find in the words that urge the believer to ›recognise himself as a sinner and then ask three questions in front of the crucified one: ›what have I done, what am I doing, and what am I going to do for Christ‹. Among us—historicizing this tradition—we ask ourselves ›what have we done to cause our peoples to be crucified, what are we doing to get them down from the cross, and what are we going to do to resurrect them‹. Sobrino, ›Epilogue‹, 309–310.

Christ, the new Adam. The statement continues: *Gloria autem hominis, visio Dei* [the glory of human beings is the vision of God]. In contrast to gnostic dualism and spiritual elitism, Irenaeus´ theological anthropology and epistemology make it clear that we learn who God is and who human beings are only through their mutual relationship, rather than directly or independently of one another.

Sobrino recalls that Bishop Oscar Romero of San Salvador was familiar with Irenaeus' statement, and, a few weeks before his assassination in 1980, reformulated it in this manner: *Gloria Dei vivens pauper* (the poor are those who—by being alive—are the glory of God). Sobrino offers an even more embellished account:

> God is beside Himself with joy and is delighted when He sees these millions of human beings—impoverished, depreciated, ignored, disappeared and murdered—breathe, eat, and dance, live with each other, lend a hand to those of us who are not poor, and pardon even those who have oppressed them for centuries.[24]

Are Romero and Sobrino warranted in their reformulations of Iraneaus´ words? If those words underscore the mutuality of the relationship between God and human beings, Sobrino is in accord with Iraneaus. However, he historicises and concretises Irenaeus' rather abstract formula by including people who are scarcely considered to be representative of the human race. Yet, the substitution of *pauper* for *homo* is not an arbitrary change.[25] Sobrino argues that the new formula is

> as exalted and worthy as the sentences of Irenaeus or Augustine. And it is grafted onto a greater tradition that runs throughout Scripture and the history of the Church: the tradition of the dignity of the poor. The poor have Matthew 25 in their favour because Christ wanted to identify himself with them in a special way. In the Middle Ages, they were called ›vicars of Christ‹.[26]

With respect to the tradition of the Church of the poor, we try ›to see society with the eyes of the poor and to enter into solidarity with them. … It is

[24] Sobrino, ›Epilogue‹, 308.

[25] However, the substitution of *pauper* for *homo* raises important questions. Do we not thereby reduce human beings to their economic status? Are *homo* and *pauper* really synonyms in their fullest range of meaning? Is the *pauper* a historical manifestation of the abstract *homo*?

[26] Sobrino, ›Epilogue‹, 308–309.

evident that the faith of the Church must necessarily make an option for the poor, and that in this option, the orthodoxy of our faith is verified‹.[27]

3.2 *Extra Ecclesiam Nulla Salus*

Cyprian (c.200–258), who was a third century Latin Father and the Bishop of Carthage, is not an easy figure to assess. Unlike Irenaeus' works, most of Cyprian's writings address specific pastoral issues, most notably the situation of Christians during and after the Decian persecution. His famous thesis extra Ecclesiam nulla salus [there is no salvation outside the Church] was formulated in the context of polemics concerning the validity of baptisms administered by heretics.[28] Cyprian believed that baptism could not exist outside the Church and opted for the rebaptism of penitents. For our purposes, we may disregard the fact that this position was criticised by most of Cyprian's contemporaries, including the Pope and that subsequent development of the doctrine in question stressed that even sacraments administered by sinners are valid since it is Christ and his achievements that make them sources of grace (ex opere operato Christi).[29]

Sobrino does not refer to the historic context of Cyprian's maxim.[30] However, that setting could have had particular relevance for Sobrino's argument. Cyprian had a special relationship to the poor. Following his conversion, Cyprian gave most of his possessions to the poor of Carthage. As a bishop, he continued to encourage his flock during difficult times of persecution, and he bore witness to Christ until the very moment of his death. Cyprian did not diminish enormity of the commitment that followers of Christ take upon themselves. As Dietrich Bonhoeffer and Oscar Romero showed in the last century, it is a costly commitment. Yet, such a commitment to faith also includes participation in a specific community of faith: being a believer does not mean travelling alone.

27 Davalos, *The Apostolicity of the Option for the Poor*, 137.

28 Letter LXXII, *Ad Jubajanum de haereticis baptizandis*, in Latin, this maxim reads *salus extra ecclesiam non est.*

29 The issue has surfaced again and again, for example, in the works of John Wycliffe and Jan Hus.

30 Sobrino writes: ›we use this formula because, as such, it has historical antecedents that go back to the *extra ecclesiam nulla salus* of Origen and Cyprian, and because it defines in radical fashion the problem of the locus of salvation‹. Sobrino, *No Salvation Outside the Poor*, 69. Apparently, Sobrino is interested in a formula that has historical features and in the topology of salvation.

In his study, Sobrino reformulates Cyprian's thesis in the following way: *nulla salus extra pauperes* [there is no salvation outside the poor]. What should we think about this shift from the Church in general (although we have seen that not even Cyprian spoke of the Church in this abstract way) to the Church of the poor or simply, to the poor? Sobrino actually reverses the intention of the formula, and admits that he uses the title of his work as a wake-up call.[31] It is no longer ›the others‹ who need the Church; it is the Church which needs ›the others‹. Yet, the issue that is at stake is the same for Sobrino as it was for Cyprian: the possibility of salvation.

Sobrino asks how we can overcome dehumanisation. Carefully following the methodology elaborated by liberation theology, he first traces the phenomena of evil, injustice, cruelty and death in our world, before returning to Christian and biblical traditions to explore the logic of salvation. I will skip the first analytical section of this study, although it is an extraordinary discussion, which includes a fresh look at globalisation and a variety of other details, such as a comparison of the market value of the Real Madrid team and the annual budget of Chad. Sobrino chiefly contends that we need an alternative perspective, a new experience.

> The mass media [always] speak of the poor in negative terms, as those who don't have property, those who don't have culture, those who have nothing to eat. Seen from [without,] the world of the poor is pure negativity. Seen from within, however, the world of the poor has vitality.[32]

In a word, the world of the poor has ›something‹ salvific that is not easily found in the other world. The values which ennoble the poor include resistance, simplicity, joy in life's basic features and openness to the

[31] Sobrino, *No Salvation Outside the Poor*, xi. Alternatively, we could view Sobrino's substitution of the poor for the Church as a Rahnerian-type of symbolic expression, where one being is symbolised by another. Here, the Church as the body of Christ is symbolised by his afflicted body in history. This interpretation may find support in I. Ellacuria, ›Crucified People‹, in: Sobrino & Ellacuria, *Systematic Theology*, 257–278. Sobrino also gives some space to yet another version of this formula, i.e. *Ecclesia ab Abel*. Sobrino's interpretation of this phrase draws on the principle of God's universal salvific will and is influenced by C. Susin. He concludes that ›membership in the Church may be understood in terms of analogy, but with a basic criterion: wherever there are just people—innocent victims, believers, like Abel—*there, in some way*, there is Church, and there is salvation‹. Sobrino, *No Salvation Outside the Poor*, 138, note 90.

[32] José Comblin quoted in Sobrino, *No Salvation Outside the Poor*, 51.

mystery of God. Aloysius Pieris from Sri Lanka declares that ›the poor are chosen for a salvific mission, not because they are holy but because they are powerless and rejected—the poor are called to be mediators of salvation for the rich, and the weak are called to liberate the strong‹.[33] What we have here is salvation as liberation from dehumanisation and as humanisation.

Sobrino notes that he is far from idealising anyone. He is well aware of the evil that is present in the world of those who are poor, as well as in the world of those who are not poor. This is what he calls the *mysterium iniquitatis*—which ultimately resists any explanation and often leaves us with the question, ›why, Lord, why‹.[34] Nevertheless, suffering people are capable of resistance and celebration, of love and hope, and that is a kind of *mysterium salutis* or primordial holiness.

4 *Conclusion*

There is a telling remark in Sobrino's first book, *Christology at the Crossroads*, which illuminates his approach to tradition. There, he maintains that seeing the world and Christian faith through the eyes of the poor leads us to discernment. Some truths of faith—such as following Jesus and the kingdom of God—come to the centre, while others remain on the periphery. However, paying too much attention to some traditional issues—such as transubstantiation and hypostatic union—may distance us from what is real.[35]

As I examined some of the methodological aspects of liberation theology—such as the distinction between sources and settings—and attempted to provide some detailed examples of Sobrino's new contextualised interpretation of two traditional theological *topoi*, it became evident that pastoral and soteriological concerns are the criteria for a ›liberationist‹ reading of tradition. Looking for the real, being honest about reality and reading it *sub specie pauperum* is the drive behind liberation theology's penchant for reworking tradition. Nevertheless, it may be argued that a complementary approach, which would ask what kind of questions

33 Aloysius Pieris quoted in Sobrino, *No Salvation Outside the Poor*, 55.

34 Sobrino, *No Salvation Outside the Poor*, 72–73.

35 J. Sobrino, *Christology at the Crossroads. A Latin American Approach* (London, 1978), 34.

tradition may raise in the present context, is rather underdeveloped. In this respect, liberation theology remains vulnerable to potential ideological upheavals.

As it has become a distinct theological tradition, the concerns of liberation theology have found their way into various types of theological and interdisciplinary discussions in recent decades. For example, there has been an increased interest in ecology and freedom among liberation theologians.[36] Areas such mental and physical disabilities have also come under consideration.[37] Furthermore, in the field of social work (which is an area that I am more familiar with), liberation theology has become an especially relevant theological partner, which is better than other theologies at expressing and passing on values — such as solidarity, social justice, participation, respect and self-determination — which are basic concerns of contemporary social work. This ongoing return to liberation theology in a diverse range of contexts suggests that it will remain a useful and respected partner, as long as it continually replenishes its unique theological sources, or in other words, as long as ›it drinks from its own wells‹.[38]

36 See, for example, L. Boff, *Cry of the Earth, Cry of the Poor* (New York, 1997) and J. Comblin, *Called for Freedom: The Changing Context of Liberation Theology* (Eugene, 2009).

37 See, for example, S. Pattison, *Pastoral Care and Liberation Theology* (Cambridge, 1994); and N. Eisland, *The Disabled God: Toward a Liberatory Theology of Disability* (Michigan, 1994).

38 This phrase is the title of Gustavo Gutiérrez's book on the spirituality of liberation (G. Gutiérrez, *We Drink from our own Wells* (New York, 1984).

Leo J. Koffeman

Reformed Traditions and Reformed Identity in the Process of Church Unification

A Case Study

1 *Traditions and Identities*

In this paper, I will use multilayered concepts like ›tradition‹ and ›identity‹, which both need some clarification at the very outset of these remarks. I will use the concept ›tradition‹ in two different, although related, ways. On the one hand, there is ›confessional tradition‹, a term that I will use to refer to the Reformed tradition which is directly linked to the confessional standards of the Reformed family of churches in the Netherlands. These include the *Heidelberg Catechism*, the *Belgic Confession* and the *Dordt Canones*. It is these documents through which—as our church order says—the Protestant Church in the Netherlands knows itself to be ›joined to the Reformed tradition‹.[1] The *Belgic Confession* will especially factor into this presentation.

On the other hand, there is ›ecclesial tradition‹, a term that I will use with regard to the different ways in which particular churches within the same Reformed family have understood and actively interpreted their common heritage. In this respect, each church has its own ›ecclesial tradition‹, shaped by a unique history of experiences, discussions, conflicts, resolutions and transformations. In the course of a continuous process of dealing with changes in its political and cultural context, a church develops a set of views, practices and regulations that may acquire increasing

[1] Cf. www.pkn.nl/Lists/PKN-Bibliotheek/Churchorder-protestant-church-articles-I-XIX-2004.pdf

value over time. These can be experienced as being decisive for a denomination's identity; even practices can come close to being dogmas! It is this aspect of the way a particular church understands and interprets historical decisions and developments that I call ›ecclesial tradition‹.

›Identity‹ is not an easy concept either. In this context, I would define it as a configuration of views, practices, institutions and rules.[2] From this perspective, ecclesial tradition is an important aspect of church identity. In this case study, I hope to show how—during a time of transition—two ecclesial traditions that seemed to be mutually exclusive were able to be reconciled (at least, to some extent) through a process of re-owning their common confessional tradition.

Two denominations are the subject of this paper: the Netherlands Reformed Church (NRC) and the Reformed Churches in the Netherlands (RCN). The RCN did not exist as a separate denomination until 1834. Splits within and departures from the NRC during that year and, for slightly different reasons, in 1886 resulted in two separate church communities that united in 1892 to become the RCN. In 2004, a unification process—which also included the Evangelical Lutheran Church in the Kingdom of the Netherlands (ELC)—resulted in the birth of the Protestant Church in the Netherlands. Thus, the schism that had begun in 1834 and had given rise to two different *ecclesial* traditions was repaired in 2004.

At that time, two *confessional* traditions—the Reformed and the Lutheran—also came together. Since that process was based on the *Leuenberg Agreement*, it might be interesting to describe and evaluate its dynamics from a theological perspective. However, that is not my objective here, and it has already been done.[3]

What I intend to deal with here is the role that two *ecclesial* traditions played in this process and thereby, within the Reformed family. Therefore, I will mainly leave the Lutherans out of the picture, and will focus on the NRC and the RCN. The point is that major differences between these two denominations- which were viewed as important identity markers by more than a few people—turned out to complicate the final phase of the process considerably and quite unexpectedly. Indeed, before the unification could be implemented, a crucial issue had to be resolved during ›a

[2] Cf. H.M. Vroom, ›On Being »Reformed«‹, in: C. Lienemann-Perrin, *et al.* (eds), *Reformed and Ecumenical. On Being Reformed in Ecumenical Encounters*, Amsterdam/Atlanta, 2000, 153-169

[3] Cf. The *Surveys of Church Union Negotiations*, published in the ›Faith and Order Publications‹ series of the World Council of Churches.

time of transition‹. For a period of 170 years (1834–2004), the NRC and the RCN had continued to share a common *confessional* tradition, but each of them had developed its own *ecclesial* tradition. If I may refer to the theme of this conference, I can put it this way: it was necessary—and fortunately, it proved to be possible—to transform those *ecclesial* traditions in light of the common *confessional* tradition. Indeed, that confessional tradition played a transformative role during this time of transition.

2 *The Issue at Stake*

What was the issue that suddenly threatened to jeopardise the unification process? It had to do with the so-called ›autonomy‹ of the local congregation or the way local congregations and the national denomination are related to one another. In this regard, the NRC and the RCN had been living with different approaches for about two centuries. Thus, there were differences in the regulations contained in the church orders of the two bodies. What made the situation more complicated was the fact that these differences also had consequences in terms of civil law, and, more particularly, with respect to the administration of church property.

Allow me to take civil law as my point of departure. In the Netherlands, churches are seen as falling under civil law, and not as being subject to public law like they are in Germany, for example. Furthermore, under Dutch civil law, ›churches‹ (Dutch: *kerkgenootschappen*) are legal entities *sui generis*. This means that they constitute a special category in the Dutch Civil Code, distinct from foundations, associations, companies and so forth. Thus, a church is not a type of association, but it can act as a ›legal personality‹ *as a church*.[4] Dutch churches can do this *as such*, according to Article 2:2 of the Civil Code, which reads as follows: ›Churches, as well as independent units of churches and structures in which they are united, are legal entities. They are governed by their own statutes as far as these do not conflict with the law‹.[5] This means that

[4] This is different, for example, from France, where churches as such are not legal entities. They have to create ›associations cultuelles‹ (cultic associations) in order to be able to employ personnel; to own, buy and sell properties; and so forth.

[5] Cf. S.C. Van Bijsterveld, ›Church autonomy in the Netherlands‹, in: H. Warnink (ed.), *Legal Position of Churches and Church Autonomy* (Leuven, 2001), 147–163.

three legal options are given; civil law recognises (1) churches, (2) independent units of churches (like the units that armies have) and (3) the structures in which they are united. It is up to the churches to determine how they will fit themselves into the framework of civil law.

Now, what about the NRC and the RCN? Based on its long-standing self-understanding and identity as a national church, a strong tradition of denominational unity had been prevalent in the NRC. Above all, congregations were to be viewed as inalienable parts of the NRC. In terms of civil law, the denomination was a ›church‹ (option 1), and the congregations were ›independent units‹ of that church (option 2).[6] The adjective ›independent‹ could cause misunderstandings; however, it simply means that in its formal regulations, a church can identify certain ›units‹ as being legal entities in themselves. In this case, the NRC's church order explicitly stipulated that congregations were such legal entities and that they could employ personnel, have possessions and undertake similar activities—but only within the broader legal framework and limitations of the NRC's church order. One could say that the NRC was comparable to an industrial corporation like General Motors, which has different production companies and car brands like Opel and Chevrolet. To some extent, each of these entities can operate independently in the market and can engage in a certain degree of competition with one another. However, the Executive Committee of the GM Company has the final say.

In the course of breaking away from the NRC in the nineteenth century, the RCN had developed a different understanding. At least in part, this should be understood in terms of the frustrating experiences that it went through during that process. According to civil law, the congregations that left the NRC lost all of their local church property. From the perspective of the RCN, local congregations were perceived to have theological priority, whereas the denomination was basically understood to be a unit that was derived from the local congregations; it was ›only‹ the sum total of them. In terms of civil law, the local congregation was a ›church‹ (option 1), and the denomination as a whole was the ›structure in which [the churches were] united‹ (option 3). Many of the RCN's members and representatives saw this pattern as being a vital part of the RCN's tradition and identity, which, in principle, included the right for any congregation to opt out of the denomination. If I may make another comparison, the RCN was like the European Football Association (UEFA),

[6] The ELC basically had a similar view.

which is one body *as such*, but consists of dozens of national Football Associations. These national organisations have a lot of common rules, but if the Hungarian or the Dutch Football Association wants to leave the UEFA, it is legally entitled to do so.

This difference between the NRC and the RCN was already apparent in the denominations' names. Whereas the NRC (Netherlands Reformed Church) is singular, the RCN (Reformed Churches in the Netherlands) is plural. Yet, the most significant consequence of this difference may be summarised in this way: in principle, a local congregation in the RCN could *as such*—as a legal entity!—leave the denomination by virtue of a majority vote of the local church council and could take its possessions (buildings and other property) with it. This right was usually characterised as the ›autonomy‹ of the local church; however, this prerogative was not explicitly recognised in the RCN's church order. It was only referred to implicitly in the following provision: ›with regard to important issues (...), particularly those in which the existence of the local church *or its place in the denomination* is at stake, the [local] church council will not take decisions without beforehand having informed and consulted the congregation‹.[7]

Theologically speaking, however, the meaning of local autonomy has never been completely self-evident. Professor Doede Nauta, who taught church polity at the Free University in Amsterdam for more than three decades (1936–1968), wrote:

> we have to reject a point of view that would claim an undisputed right for every local church (congregation) to withdraw from the denomination and to acts as it wills. This would mean that a church council could decide, with a majority vote, to withdraw, together with the congregation it supervises, from the denomination because this would be a completely free confederation, from which the churches (congregations) could free themselves at any point in time. This would be a one-sided appeal to the autonomy of the local churches, interpreting this principle in a way unknown to... our Reformed fathers.[8]

[7] Art. 43 CO-RCN. Cf a more explicit statement in the church order of a closely related denomination, the Christian Reformed Church in North America: CO-CRC, art. 38-9: ›When a council decides to disaffiliate from the denomination, the set process for disaffiliation adopted by synod shall be followed‹. See: H. de Moor, *Christian Reformed Church Order Commentary* (Grand Rapids, 2010), 194ff., 226ff.

[8] D. Nauta, ›Het kerkverband als wezenlijk element voor het bestaan eener Gereformeerde Kerk‹, *GTT* 47 (1947), 129–139, 138

Nevertheless, at the grassroots level, there was a widely-shared conviction that congregations could opt out, if they wished.

In the NRC, this was not a legal option at all; even if all of the members of a congregation were to leave the denomination, the congregation as such—as a legal entity and as an independent unit of the church—would continue to be part of the church. Thus, people leaving the denomination were not entitled to take any possession with them. Civil case law had confirmed this interpretation of the church order. Nevertheless, in the more traditional wing of the NRC, more than a few people would have been in favour of the RCN's practices and views regarding this matter.

3 *Consensus?*

It was only a few years before the date of unification—which, at that time, had not yet been formally set—that this issue suddenly popped up again. It was explicitly identified as a potentially divisive issue in 2000. Before I explain how and why this happened so suddenly, let me provide some background concerning the history of the unification process.

This tension between the NRC and the RCN was actually nothing new. It was an issue that had been dealt with at an earlier stage of the unification process. Altogether, that process took more than thirty years, depending on exactly what one identifies as its starting point. If we regard the first joint synod session of the NRC and the RCN to be that point of origin, 1973 was the year that the more institutional form of the process began. Between 1973 and 2004 (which was the year the unification occurred), several years were particularly important. In this context, we should specifically mention 1986, which was the year that theological consensus was reached. At a joint session on 14 November 1986, the synods of the NRC and the RCN adopted the *Declaration of Ecclesiological Consensus* (›Verklaring van Overeenstemming ten aanzien van het samen kerk zijn‹).[9] This document consists of two major parts. First,

[9] See: L.J. Koffeman (ed.), *Samengebracht. Documentatie rond het ontstaan van de Protestantse Kerk in Nederland* (Zoetermeer, 2005), 194–211.

it expresses consensus on pivotal themes of the Reformation (i.e. the justification of sinners, the Church as the Body of Christ, God's revelation as the truth and the expectation of the coming kingdom). Second, it deals with five issues that have been divisive in recent church history: (1) church discipline, (2) plurality, (3) ›membership by birth‹ (i.e. church membership granted to unbaptised children), (5) the church's political witness, and—as second from the last—(4) the relationship between local congregations and the national church, which is the topic that is under consideration in this paper.

With respect to all of these issues (which were called ›fields of tension‹), the document concludes that ›none of these problems can present a motive [for us] to continue living as separated churches‹. Thus, these differences do not legitimate the rejection of ecclesial communion by either side; instead, they challenge churches to deal with these issues as part of a process of growing together.

As we have seen, the relationship between local congregations and the national church is one of these issues. The document acknowledges that in the history of both denominations, this matter has often been dealt with in a one-sided way. However, it concludes that

> in the course of the NRC's history, the awareness has never disappeared that the national church exists in its local congregations. Through its history, the RCN has come to understand that our time also asks for a clear, coordinating organisational structure. It would be good if each of the churches would accept the organisational structure of the other church to some extent. Because it is recognised in both churches that the whole and the parts are in continuous need of each other, a difference in the emphasis of the two poles cannot constitute a motive to continue existing as separated churches.

The impact of this *Declaration of Ecclesiological Consensus* was significant. It created a theological foundation for the decision made by three joint synods in 1990, in which they opted for full structural unity based on a common Constitution with by-laws. In drafting these texts on church order, the NRC's church order was taken as the main model.

Between 1992 and 2003, successive sessions of the joint synods dealt with the proposed texts, and around the year 2000, the legal contour of the future united church had become quite clear. The legal texts accepted by the joint synods following consultation with local church councils in all three of the denominations also addressed the issue of legal entities and legal representation in the future PCN. They said that the denomination as such is a legal entity represented by the general synod and that a congregation is also a legal entity represented by the local church council. However, there was no explicit regulation with respect to the Civil Code, regarding the legal relationship between the two. Were local congregations supposed to be ›churches‹, with the denomination being the ›structure in which these churches are united‹ (the RCN's ecclesial tradition and the UEFA model)? Or was the denomination supposed to be a ›church‹, with local congregations being ›independent units of the church‹ (the NRC's ecclesial tradition and the General Motors model)? There was no explicit rule regarding this question, nor was there any discussion about it by the synod.

The insiders had no doubt. All of the members of the joint Church Order Working Group and all of the members of the church order committees of the three denominations were convinced that the wording and structure of the draft of the PCN's church order implied an unambiguous choice in favour of the NRC model. In terms of civil law, the PCN would be a ›church‹ and local congregations would be ›independent units of the church‹.

Nevertheless, the RCN's church order committee was not sure that this view was commonly shared within the RCN. In 2000, that committee had to draft regulations for the RCN regarding the way the final process of deciding about the unification would have to be structured legally. How would the (roughly 850) local ›churches‹ be involved in the decision-making process, and what would be the role of the general synod in its capacity as the ›structure in which these 850 churches were united‹? It was during this internal discussion by the RCN's church order committee that the question was explicitly raised: are we confident that the members of the RCN are aware that in terms of civil law, the PCN will have a structure similar to that of the NRC? I was part of that committee, and we were not at all sure. Thus, we were confronted with an unattractive dilemma: we could either take this awareness for granted (with the risk of severe legal problems in the near or distant future), or we could explicitly acknowledge this issue (with the risk of a new delay in the unification process).

It did not take the RCN's church order committee long to decide. It would rather face intense discussions than risk problems shortly before—or even after—the unification, along with the additional threat of being accused of deceit. Thus, the committee shared its concerns with the RCN's general synod and proposed providing local congregations with adequate information regarding the fact that after the unification, they would not continue to be autonomous in the same way they had been before.

A few years of intense discussion followed—to say the least. Indeed, that debate sometimes seemed to come close to turning into an uprising within the denomination. Many local church councils sent the general synod letters expressing their strong disagreement. Several groups within the church mobilised their supporters and held meetings. Successive decisions by the general synod were challenged according to the church order's rules regarding disputes. Again and again, it was stressed that local autonomy is an inalienable aspect of the Reformed identity. More than a few people even phrased the issue in terms of confessional integrity.

5 *The Final Stage of the Unification Process*

In the meantime, the time schedule for the unification process was established. In June 2003, the three synods were supposed to make their first decisions on the basis of the final texts of the constitution, by-laws and a set of transitional regulations. Between June and December, the local congregations of each of the denominations would be given the opportunity to offer final comments, and in December 2003, the final decisions were to be made by the three synods. These were to be implemented by 1 May 2004.

In June 2003, the three synods convened at the same location. Part of the time, they met separately, and the rest of the time, they held joint sessions. The agenda of the RCN's general synod included a final cluster of appeals against the decisions that had been made up to that time with regard to the congregations' impending ›lack of autonomy‹. The synod rejected all of those appeals. That made it possible for the joint session of the three synods to make a formal decision regarding church unification, although the joint meeting had to deal with the issue of ›church autonomy‹ once again in order to provide optimal clarity.

It was at that meeting that a decisive report by the joint COWG was presented. In that report, the COWG appealed to the text of Articles 27–29 of the *Belgic Confession* (BC) in order to defend its position. Thus, when confronted with an *ecclesial* tradition (i.e. a tradition regarding church polity) which was obvious in the RCN (as well as in parts of the NRC), the COWG referred to a text from the common *confessional* tradition—i.e. to the Reformed confessional standards—to make its point. That marked a pivotal turn indeed. The *confessional* tradition was invoked in order to place a distinctive *ecclesial* tradition within a different frame of reference. Let me share this line of reasoning with you.

Article 27 BC speaks about ›the Holy Catholic Church‹, and begins with these words: ›We believe and confess one single catholic or universal church—a holy congregation and gathering of true Christian believers, awaiting their entire salvation in Jesus Christ being washed by his blood, and sanctified and sealed by the Holy Spirit‹. After saying that ›this church has existed from the beginning of the world‹ and has been ›preserved by God against the rage of the whole world‹, the article continues: ›And so this holy church is not confined, bound, or limited to a certain place or certain persons. But it is spread and dispersed throughout the entire world, though still joined and united in heart and will, in one and the same Spirit, by the power of faith‹.

Of course, this statement raises the question of how we can recognise this church in daily reality. However, Article 28 BC first speaks of the obligation that church members have ›to join and unite with it, keeping the unity of the church‹. It is in the context of the church's *unity* that the ›duty to separate‹—the key issue in the unification process—is also dealt with by this assertion:

> to preserve this unity more effectively, it is the duty of all believers, according to God's Word, to separate themselves from those who do not belong to the church, in order to join this assembly wherever God has established it, even if civil authorities and royal decrees forbid and death and physical punishment result. And so, all who withdraw from the church or do not join it act contrary to God's ordinance.

These words had often been referred to in defence of the so-called ›right of secession. The COWG noted that the author of the Belgic Confession, Guido de Brès, was forced to accept the consequences of this position six years later: he died as a martyr. In this respect, there is a lot at stake here!

The Belgic Confession does indeed acknowledge a ›duty to separate‹. Does this not include the ›right of secession‹? If so, it is vital to know how to identify ›those who do not belong to the church‹. (The term ›false church‹ had not yet appeared!) How can we discern which church is the ›true church‹? After all, any group of people can call itself ›church‹. That is what Article 29, which is devoted to the marks of the true church, is about. This article includes a classical statement (cf. e.g. St Augustine) regarding the fact that there are ›hypocrites who are mixed among the good in the church and who nonetheless are not part of it, even though they are physically there‹. This is a point of view that has always been judged to be very important within the Lutheran tradition (which may explain why Lutheran churches have been less vulnerable to schisms than Reformed churches). However, the article actually begins with an admonition ›to discern diligently and very carefully, by the Word of God, what is the true church‹ and goes on to refer to its distinguishing marks. It is said that ›the church engages in the pure preaching of the gospel; it makes use of the pure administration of the sacraments as Christ instituted them; it practices church discipline for correcting faults‹.

After speaking about ›the distinguishing marks of Christians‹ in their personal life, the article finally characterises the ›false church‹ in this way:

> it assigns more authority to itself and its ordinances than to the Word of God; it does not want to subject itself to the yoke of Christ; it does not administer the sacraments as Christ commanded in his Word; it rather adds to them or subtracts from them as it pleases; it bases itself on men more than on Jesus Christ; it persecutes those who live holy lives according to the Word of God and who rebuke it for its faults, greed, and idolatry.

Although it is not said *expressis verbis*, it is clear that these words—which were written in 1561!—refer to the Roman Catholic Church. It is from this perspective that we can understand the final sentence as well: ›these two churches [i.e. the true and the false church] are easy to recognise and thus to distinguish from each other‹.

The COWG report then asked whether this distinction is as ›easy‹ to make today. In 1991, the RCN's church polity expert, Henk Weijland, had already written an article in which he dealt with this issue.[10] There, Weijland essentially put the question this way: can we apply the true/false schema of Article 29 BC to the relationship between different Reformed or Protestant churches? His conclusion leaves no room for misunderstanding:

> …it is only in very extreme situations that the accusation of being false can be used in an authentic way, i.e. only when what is evidently evangelical is being brutalised in connection with the pressure of brutal persecution. If that is not the case, it might be more advisable to say: ›What God has joined together by baptism, don't let man tear apart‹.

The COWG report essentially said that the Belgic Confession cannot, and should not, be linked to the issue regarding civil law that was at stake during the unification process.

In the end, the three synods confirmed the view that the Protestant Church in the Netherlands would—with respect to civil law—be one ›church‹ with local congregations constituting its ›independent units‹. Over a period of nearly a year (June 2003 to May 2004), it was up to local church councils to take this under consideration and to decide how to proceed.

6 *Effects*

In order to decrease the pressure on those who were opposed to this position, the synods also agreed on a set of transitional regulations, which included the right of all RCN congregations to leave the Protestant Church in the Netherlands without any restrictions within the first five years following the unification (i.e. between 1 May 2004 and 1 May 2009). Congregations could also use a more complicated process to leave the PCN during the next five-year period (between 1 May 2009, and 1 May, 2014). The by-laws agreed upon in 2003 also included the provision that if a major group of members of any congregation wants to

[10] H.B. Weijland, ›Is Secession Allowed?—Observations on Secession in the Light of what the Belgic Confession is Teaching on the True and the False Church‹, in: P.G. Schrotenboer (ed.), *Catholicity and secession—A Dilemma?* (Kampen, 1992), 96–112.

leave the Protestant Church in the Netherlands, a synodal Committee of Special Care must make administrative and financial arrangements in order to secure the continued existence of the congregation as such and, if possible, to facilitate a ›new ecclesial life‹ for those leaving the church.

From the perspective of this presentation, the main question was whether the 850 local congregations within the RCN would agree? For the most part, they did. Shortly before May 2004, seven local congregations left the RCN and formed a new denomination called the Continued Reformed Churches in the Netherlands (CRCN). No other congregation left during the transitional period between 2004 and 2009, and we do not expect any congregation to do so before the final date of 1 May 2014. Therefore, it appears that a better understanding of the implications of the confessional tradition has made it possible for the RCN to go through a time of transition without too many problems. However in the NRC, about sixty congregations had to cope with major groups of church members who wanted to leave the church. The aforementioned transitional regulations made it possible to reach settlements with those groups.

7 *Conclusion*

Since *ecclesial* traditions are often important in terms of identity, they can pose a major stumbling block in times of transition. This holds true for unification processes like the one we have dealt with here, but it also is the case in other situations where churches need to reconsider existing practices and regulations. People often identify with existing practices uncritically; they live with inherited values (like ›local autonomy‹) and see these as decisive arguments against change.

This case study shows that at least sometimes, it is possible to refer to other, more basic values that are present in the *confessional* tradition in order to enable things to progress. In this case, it was a better understanding of relevant articles in the *Belgic Confession* that was decisive. This analysis also demonstrates an important *ecumenical* insight. Traditions should not necessarily be viewed as hampering ecumenical progress. Quite the contrary, if taken seriously, they can also foster transformation and contribute to a new identity.

Henk P. de Roest

Von Religionen lernen

Jürgen Habermas und die Unverzichtbarkeit religiöser Gemeinschaften

Wir legen gleich los. Während einer Debatte im Oktober 2009 in New York zwischen Charles Taylor und Jürgen Habermas, zwei wichtigen Philosophen dieser Zeit, behauptet Habermas, dass es keinen Sinn ergibt, säkulare, rationale Argumente so einzubringen, als wären religiöse Argumente irrational und würden einem veralteten Weltbild angehören.[1] Das Gegenteil ist der Fall: das, was er ›*common sense*‹ oder die ›*common human reason*‹ (das rationale Denken) nennt ist sowohl in religiösen Traditionen wie auch in der allgemeinen Kultur im Überfluss vorhanden. Habermas ist aber der Meinung, dass es sich um grundsätzlich unterschiedliche Argumente handelt. Philosophische oder säkulare Argumente unterscheiden sich von religiösen Argumenten darin, dass sie keine Zugehörigkeit zu einer Tradition erfordern. Religiöse Argumente setzen voraus, dass die Person, die sie einbringt, Mitglied einer religiösen Gemeinschaft ist oder in einem religiösen Rahmen sozialisiert wurde. Und wenn das der Fall ist, hat diese Person spezifische religiöse Erfahrungen, die vor allem aus kultischen Praktiken oder auch durch liturgische Praktiken entstehen. Religiöse Gemeinschaften haben außerdem einen historischen Ursprung, kennen ein System von Überzeugungen, beispielsweise Heilsauffassungen, sowie Interpretationen dieser Überzeugungen und Vorbilder mit einer gewissen Autorität. Es wird auch auf eine offenbarte Wahrheit verwiesen, die einem Außenseiter schwer zu erklären ist. Zusammenfassend heißt dies: religiöse

[1] Siehe: http://blogs.ssrc.org/tif/2009/11/20/rethinking-secularism-jurgen-habermas-and-charles-taylor-in-conversation/ Site besucht im Juni 2013.

Argumente sind in religiösen Gemeinschaften eingebettet und basieren auf religiöse Erfahrungen. Das alles gilt nicht für säkulare Argumente oder säkulare Rationalität.

Taylor bestreitet den von Habermas gemachten Unterschied. Er behauptet, dass säkulare Argumente auch mit existenziellen Erfahrungen verbunden sein können und, dass religiöse Argumente nicht unbedingt mit einer religiösen Erfahrung verbunden sind. Es ist auch ein gemeinsamer Diskurs wie im Beispiel der Rede *I have a dream* von Martin Luther King vorhanden, der, so behauptet Taylor, für jeden verständlich war. Es ist dabei nicht notwendig, die tieferen Erfahrungen Kings zu kennen.

Trotzdem hält Habermas am Unterschied fest und wiederholt seine Stellungnahme. Er fügt dem außerdem etwas hinzu, indem er behauptet, dass religiöse Argumente, zum Beispiel dass Menschen als Gottes Bild und Gleichnis geschaffen worden sind, immer zuerst in öffentliche Argumente übersetzt werden müssen, wenn sie für eine Gesetzgebung, die jeden betrifft, verwendet werden. Und etwas später behauptet er, dass der Gebotscharakter der religiösen Sprache in der Öffentlichkeit *gerettet* werden müsse, weil er überzeugt sei, dass in ihnen Intuitionen verborgen sind, die enthüllt und erkannt werden können.

Warum beginne ich mit dieser Debatte zwischen Habermas und Taylor? In diesem Gespräch werden zwei wesentliche Vorstellungen eingebracht, die ich als kennzeichnend für Habermas' Sicht auf Religion empfinde, nicht nur die der letzten zehn Jahre aber auch die der Jahre davor, ja seit seinen ersten Publikationen in den Fünfzigern. Es geht darum, dass das semantische Potential der religiösen Sprache, deren Wahrheitsgehalt und rationale Ladung, übersetzt und gerettet werden muss, so wie es auch mit religiösen Erfahrungen, religiösen Praktiken und religiösen Gemeinschaften der Fall ist. Für Habermas handelt es sich um ›Intuitionen‹ oder, wie er auch schreibt, ›lehrreiche Momente‹. Misstrauen oder Skepsis gegenüber Wahrheiten, die nach Meinung religiöser Mitbürger, einen Offenbarungscharakter haben, ist nicht nur unangemessen, sondern auch nachteilig für die Gesellschaft. Im berühmten Gespräch mit Kardinal Ratzinger im Jahre 2004 in München behauptet Habermas:

> Säkularisierte Bürger dürfen, insofern sie in ihrer Rolle als Bürger auftreten, religiösen Weltbildern ihre potentielle Wahrheit nicht absprechen und sie dürfen schon gar nicht das Recht religiöser Mitbürger bestreiten, in religiöser Sprache einen Beitrag an öffentlichen Diskussionen zu liefern. Eine liberale politische Kultur darf sogar von säkularisierten Bürgern erwarten, sich dafür

anzustrengen, religiöse Beiträge in eine für jeden zugängliche Sprache zu übersetzen.[2]

Von Religionen lernen bedeutet dies in in eine Sprache zu ›übersetzen‹ und zu ›retten‹, die jeder verstehen kann. Es ist für ihn auch eine Geste von Respekt, eine Form von ›Achtung‹, in der säkularisierte Bürger ihren gläubigen Mitbürgern entgegenkommen müssen. In früheren Schriften spricht Habermas von einer ›rettenden Zueignung‹, einer ›rettenden Übersetzung‹ oder, in noch früheren Texten, von einer ›rettenden Kritik‹. Warum aber ist diese rettende Übersetzung notwendig? Was steht in der modernen Gesellschaft auf dem Spiel? Was muss ›übersetzt‹ und ›gerettet‹ werden? Mehrmals spricht er von jüdischen und christlichen Intuitionen, die von den Philosophen, aber auch von allen anderen, die am öffentlichen Gespräch teilnehmen, anerkannt werden könnten. Für die öffentliche Meinungsbildung aber auch für die Motivation von Menschen ist es wichtig, diese Intuitionen zugänglich zu machen. Das scheint mit dem vorher angedeuteten ›Beerben des religiösen Erbguts‹ identisch zu sein.

Anders als in den fünfziger und sechziger Jahren sieht Habermas heute deutlich, dass die Säkularisierung, linear betrachtet, auch in westlichen Gesellschaften weder zum Ende der Religion geführt hat, noch das Ende der Religion einläutet. Dennoch bleibt er der Religion gegenüber immer noch ambivalent. Er sieht auch ihre unschönen Seiten: ihre oftmals verpflichtende und schwer kritisierbare Autorität und die dazu gehörige Unterwürfigkeit, sowie die religiösen Konflikte und den Fundamentalismus. Habermas spricht von einer ›gehärteten Orthodoxie‹,[3] die sowohl im Westen wie auch im nahen und fernen Osten existiert. Die Bedeutung von Religionen, auch in der politischen Arena, hat weltweit stetig zugenommen und der Unterschied zwischen traditionellen und modernen Gesellschaften ist unscharf geworden. Es gibt zwar noch die Fundamentalisten der Säkularisierungsthese,[4] vor allem in Westeuropa, dennoch

[2] J. Habermas, ›Zur Diskussion mit Kardinal Ratzinger‹, in: *Information Philosophie* 15/4 (2004); J. Habermas & J. Ratzinger, *Dialektik der Säkularisierung. Über Vernunft und Religion* (Freiburg, 2005), 35.

[3] J. Habermas, *Glauben und Wissen. Friedenspreis des Deutschen Buchhandels 2001* (Frankfurt am Main, 2001), 11.

[4] Soziologen wie Steve Bruce und Bryan Wilson gehen nicht (mehr) davon aus, dass Religiosität verschwinden wird, da die Frage nach Sinn und Bedeutung auch nach ihrer Meinung zum Mensch-sein dazu gehört. Siehe: G. Pickel, ›Secularization as an European Fate?‹, in: G. Pickel & O. Müller (eds), *Church and Religion in Contemporary Europe. Results from Empirical and Comparative Research* (Wiesbaden, 2009), 89–122, sp. 91.

scheinen empirische Daten überzeugende Gründe für die Behauptung zu bieten, dass die Säkularisierung Europas eine Ausnahme darstellt.[5] Habermas spricht heute von einer ›post-säkularen‹ Gesellschaft.

Wie ist seine persönliche Haltung zur Religion? In seinem öffentlichen Auftreten, in Schriften und während Debatten bezeichnet er sich als Agnostiker, ›Kulturprotestant‹ und ›religiös unmusikalisch‹. Sein Großvater war übrigens Pfarrer und unterrichtete am Seminarium. Habermas findet Religion äußerst wichtig, hat aber selbst kein Gespür dafür, obwohl er andererseits bereits eine Abneigung gegenüber neuer Spiritualität entwickelt hat. Auch die post-metaphysische Philosophie ist agnostisch. Sie ›kreist‹ höchstens um einen, in seinen Worten, ›nicht durchsichtigen (»*opaque*«) Kern religiöser Erfahrung‹, was übrigens auch für den Kern ethischer Erfahrung gilt.[6]

Was steht in einer post-säkularen Gesellschaft auf dem Spiel, die fordern würde, dass auch nicht-gläubige, säkulare Bürger von der Religion lernen? 1971 schreibt Habermas, das zum ersten Mal in der Geschichte die individuelle Identitätsbildung sehr vieler Menschen nicht länger stabil ist und sie ›in Grenzsituationen nicht mehr auf institutionalisierte oder auf jeden Fall tief internalisierte Gewissheiten zurückgreifen können‹.[7] Und 1973 beschreibt er die Kernfunktion der Religion mit dem Begriff ›Sinngebung‹. Dabei sieht er die Rechtfertigung der herrschenden Ordnung und der bestehenden Normen und Werte in diesen Jahren als eine Spezialisierung dieser sinngebenden Funktion der Religion. Er weist aber auch darauf hin, dass diese Funktion sich auch im Umgang mit den Grundrisiken des menschlichen Daseins wiederfindet. Hierbei können wir an die Übergänge (die ›Passages‹) denken, die ein Mensch in seinem Leben bewältigt und bei denen die Religion die begleitenden Rituale bereitstellt, aber auch an die Risse in der Seele, die ein Mensch durch Gefühle von Schuld, Einsamkeit, durch Krankheit und Tod davon tragen kann. Indem der Mensch an diesen Grundrisiken des Lebens leidet, erfährt er seine Kontingenz. Habermas meint, dass diese ›Kontingenzen‹ in der Religion ›tragbar gemacht‹ werden. In dieser Weise ermöglicht sie

[5] Die Zahl der Menschen, die sich von den Kirchen verabschiedet wächst noch immer, Forschern zufolge unter anderem, weil sie die Kirche für die Bewältigung existentieller Lebensfragen, (die ›*condition humaine*‹) nicht mehr brauchen. P. Norris & R. Inglehart, *Sacred and Secular: Religion and Politics Worldwide* (New York, 2004). Siehe auch: G. Davie, *Europe: The Exceptional Case. Parameters of Faith in the Modern World* (London, 2002), 148 und H. McLeod & W. Ustorf (eds), *The Decline of Christendom in Western Europe* (Cambridge, 2003).

[6] J. Habermas, ›Religion in der Öffentlichkeit‹, in: *Zwischen Naturalismus und Religion. Philosophische Aufsätze* (Frankfurt am Main, 2005), 119-154, sp. 150.

[7] J. Habermas, *Philosophisch-politische Profile* (Frankfurt am Main, 1971), 36.

Menschen zu bestehen. Religion verschafft Trost. In einem Gespräch im Jahre 1974 im Starnberger Institut, wobei Habermas mit Dorothee Sölle und Hans-Eckehard Bahr diskutierte, wagt Habermas sich mit diesem Thema sogar auf pastoral-theologisches Eis. Es sei, so Habermas, nicht das Ziel eines pastoralen Gesprächs, den Gesprächspartner zu beruhigen. Dafür seien Beruhigungsmittel besser geeignet. Das Spenden von Trost erfordert aus seiner Sicht eine kommunikative Struktur, die es ermöglicht ›Angst weg zu nehmen‹. In einem pastoralen Diskurs sollte es möglich sein, aus Interpretationsmodellen der Wirklichkeit zu wählen. Der Pastor oder die Pastorin verbindet seine oder ihre Interpretation der Wirklichkeit mit einem Wahrheitsanspruch. Diese Interpretation vermag es aber, so Habermas, erst Trost zu spenden, wenn es die Wahlmöglichkeit gibt, diese Interpretation entweder zu akzeptieren oder zu verwerfen.... Um Trösten zu können, bedarf es der Freiheit des Anderen im pastoralen Gespräch.

Um Trost zu erfahren, muss man einer Religion angehören. Wir können das auch von einer anderen Seite betrachten. Ein erweitertes Wissen ruft immer das Bewusstsein neuen Mangels hervor, so behauptet Habermas. Das Betreten jedes neuen Lernniveaus in der Geschichte, beinhaltet auch ein Entdecken neuer Probleme. Während die Folgen von Naturgewalt durch präventives, technisches Eingreifen beschränkt und durch massive Hilfsaktionen bekämpft werden können, und während die Wissenschaft unermüdlich versucht die Kontingenzen zu beherrschen, entstehen neue Kontingenzen im Bereich des Zusammenlebens, ohne dass die Fähigkeiten, sie zu kontrollieren, mitgewachsen sind.[8] Wichtig ist nun, dass Habermas über die Bedeutung seiner eigenen Theorie äußerst bescheiden ist. In der Theorie (besser gesagt: in der Philosophie) kann nie eine ausschöpfende Antwort auf Schuld, Einsamkeit, Krankheit und Tod gegeben werden. Hiermit müssen wir, prinzipiell ungetröstet, leben.[9]

Auch spätere Äußerungen bestätigen die Möglichkeiten und Unmöglichkeiten der Gesellschaftstheorie: Eine Gesellschaftstheorie mag die Erwartung wecken, dass sie imstande ist, eine Antwort auf die Kontingenzen zu geben, die aus dem menschlichen Zusammenleben entstehen. Die Grundrisiken des Lebens können in der Theorie aber nicht berücksichtigt

[8] ›(...)ohne daß die Fähigkeit, Kontingenzen zu beherrschen, in gleichem Maße mitgewachsen wäre‹. J. Habermas, *Legitimation im Spätkapitalismus* (Frankfurt am Main, 1973), 165.

[9] ›Die Kontingenzen, die an der körperlichen und der moralischen Verfassung des Einzelnen unaufhebbar hängen, lassen sich nur *als* Kontingenz [Kennzeichnung Habermas] ins Bewusstsein heben: mit ihnen müssen wir, prinzipiell trostlos, leben‹. Habermas, *Legitimation im Spätkapitalismus*, 165.

werden. In einem Interview behauptet Habermas, dass sogar die marxistische Theorie, die durchaus kollektive Versprechen kennt, den Einzelnen mit seinen individuellen, existentiellen Bedürfnissen angesichts Schuld und Schuldgefühlen, Einsamkeit und Angst vor Krankheit und Tod allein lässt.[10]

Nun können wir noch behaupten, während ein Mensch getröstet leben kann, der Andere ungetröstet bleibt. Damit kommt die Zukunft einer Gesellschaft, auch wenn sie Krisen kennt, noch nicht in Gefahr. Ich habe aber schon darauf hingewiesen, dass Habermas Trost mit Sinngebung verbindet. Das Versprechen eines ›Sinnes‹, wie es in verschiedenen Interpretationen vorhanden ist, beinhaltet ein Trostversprechen.[11] In seinen jüngsten Schriften betont Habermas aber, dass gerade in post-säkularen Gesellschaften die sogenannten ›Quellen der Sinngebung‹ knapp geworden sind.

Er betrachtet religiöse Gemeinschaften und damit auch religiöse Erfahrungen als wichtig für die Erschließung potenzieller Quellen der Sinngebung und auch als wichtig für die Vermeidung des Eindringens der Wirtschaftssprache in alle Poren der Gesellschaft.[12]

Habermas ist aber nachdrücklich nicht der Meinung, dass das Projekt der Moderne in eine Sackgasse geraten ist und nur noch die Orientierung auf die Transzendenz helfen kann. Er benennt die Krise einer entgleisenden Modernität[13] und spricht dabei von der Zerbröckelung der gesellschaftlichen Solidarität, die für die demokratische Meinungs- und Entscheidungsbildung unverzichtbar ist. Dabei spricht er von der Dominanz des Marktdenkens, dem stark lenkenden Einfluss der Unternehmen und der zunehmenden zweckrationalen, kalkulierenden Orientierung des individuellen Handelns. Die Frage, ob eine ambivalente Modernität ihre Stabilität ausschließlich aus den säkularen Kräften der Rationalität schöpfen kann, will Habermas als offene, empirische Frage im Raum stehen

10 ›Sie könnten sagen, dass sich die Gesellschaftstheorie gegenüber den individuellen Heilsbedürfnissen trostlos verhält. Die marxistischen Hoffnungen richten sich ja auf ein kollektives Projekt und überlassen den Einzelnen der vagen Aussicht, daß solidarische Lebensformen den Anteil, den gesellschaftliche Repressionen an Schuldgefühlen, an Vereinzelung, an Angst vor Krankheit und Tod tragen, tilgen, wenigstens verringern können. Und das ist nicht einmal ein Substitut für Trost.‹ J. Habermas, *Kleine politische Schriften* (Frankfurt am Main, 1981) 489.

11 ›Das Sinnversprechen hat immer auch ein Trostversprechen impliziert, weil die angebotenen Deutungen die beunruhigen Kontingenzen nicht einfach zu Bewußtsein bringen, sondern erträglich machen—auch und gerade dann wenn sie *als* [Kennzeichnung Habermas] Kontingenzen gar nicht beseitigt werden können.‹ Habermas, *Legitimation im Spätkapitalismus*, 164.

12 Habermas, *Glauben und Wissen*, 23.

13 Habermas, ›Vorpolitische Grundlagen des demokratischen Rechtstaates?‹, in: *Zwischen Naturalismus und Religion*, 112.

lassen.[14] Ob ihm das genügt, wird sich noch herausstellen müssen. Er plädiert, mit anderen Worten, *nicht* für eine Rückkehr der Religion oder des ›Heiligen‹, sondern ist vielmehr besorgt darüber.[15] Was Habermas sagt, ist alles andere als eine Empfehlung der von ihm beschriebenen ›autoritären, religiösen Mächte‹. Kennzeichnend dafür ist Habermas' Kritik auf Joachim Ritter und seine neo-konservativen Schüler. Diese wollen der Religion eine kompensierende Rolle zuteilen. Die Freiheit des Subjekts kann nach ihrer Meinung nur vor Vergesellschaftung und Bürokratisierung geschützt werden, wenn traditionelle Mächte einen Ausgleich bieten. Religiöse Traditionen müssen als subjektive, autoritative *Glaubensmächte* gerade verstärkt werden. Habermas ist der Meinung, dass eine solche Entwicklung äußerst ungewünscht wäre, da es einen Abschied von der Rationalität bedeuten würde und einem Rückfall vor die Zeit der Aufklärung gleichkäme. Es ist für ihn von großer Bedeutung, dass Traditionen, auch religiöse, nicht über eine selbstverständliche (›natürliche‹) Gültigkeit verfügen. Er sieht es als großen Verdienst der Aufklärung an, und damit auch der modernen Theologie, dass sie Elemente der religiösen Überlieferung abweisen kann, dass man ›ja‹ und ›nein‹ sagen kann, dass eine *Revision* stattfinden kann.[16] Von Religionen lernen, heißt also nicht, dass wir uns vor einer autoritären Heiligkeit, die das Denken ausschaltet, verbeugen müssten. Habermas dagegen meint, dass religiöse Vorstellungen wichtig für das Denken, für gesellschaftliche Diskussionen und auch für die Politik, das heißt für die Gesetzgebung, sind, vorausgesetzt, sie werden aus ihrem spezifisch religiösen Eingebunden sein oder ihrer ›dogmatischen Einkapselung‹ gelöst. Die Tatsache, dass es religiöse Gemeinschaften gibt, ist nicht nur eine soziale Gegebenheit. Religiöse Traditionen stellen auch eine ›kognitive Herausforderung‹ dar. Religionen geben Grund zum Denken. Darauf werde ich jetzt weiter eingehen.

14 Habermas, *Zwischen Naturalismus und Religion*, 113.

15 Diese Sorge ist bei Habermas schon sehr früh vorhanden. Bereits 1959 äußert er sie in einer Rezension von Walter Bröcker. J. Habermas, ›Der befremdliche Mythos. Reduktion oder Evokation?‹, in: *Philosophische Rundschau* 6 (1959), 215–228. Sogar der Mythos kann einen ›Wahrheitsmoment‹ haben, aber ›Remythologisierung› einer Gesellschaft hält Habermas für gefährlich. Wenn moralische Probleme nicht in rationalen Diskussionen, aufgrund von Argumenten besprochen werden können, und wenn die Rationalität der Normen und Werte angezweifelt wird, ist die Rückkehr in die geschlossene Welt des mythischen Weltbildes, in der über moralische Fragen nicht mehr gesprochen werden muss, eine verführerisch lockende Perspektive.

16 ›Identitätsverbürgende Deutungssysteme, die heute die Stellung des Menschen in der Welt verständlich machen, unterscheiden sich von traditionellen Weltbilder nicht so sehr in ihrer geringeren Reichweite, als vielmehr in ihrem revisionsfähigen Status.‹ J. Habermas, *Zur Rekonstruktion des historischen Materialismus* (Frankfurt am Main, 1976) 117.

Habermas weist darauf hin, dass religiöse Traditionen dem Denken schon seit Jahrhunderten ›innovative Impulse‹ gegeben haben. Griechische Begriffe wie ›Autonomie‹ und ›Individualität‹, aber auch römische Konzepte wie ›Emanzipation‹ und ›Solidarität‹ sind Teil des jüdisch-christlichen Hintergrundes.[17] Diese Begriffe sind mittlerweile höchst profan geworden. Es sind Begriffe, die zum öffentlichen Besitz des moralische Denkens geworden sind, in dem die individuelle Verantwortlichkeit im Mittelpunkt steht.[18] Religiöse Traditionen haben aber immer noch eine ›inspirierende Kraft‹ für die gesamte Gesellschaft. An welche Intuitionen denkt Habermas selbst?

Erstens deutet er in jüngeren Schriften an, dass die Vorstellung ein ›Bildträger Gottes‹ zu sein wichtig ist um die Einzigartigkeit, die einmalige Bedeutung eines jeden Individuums, auszudrücken.[19] Viele Jahre zuvor, im Starnberger Gespräch von 1974, zeigte Habermas sich beeindruckt von der religiösen Sprache, die nach seiner Meinung die Unersetzbarkeit des Individuums begründet. Zögernd gibt er dem Theologen Bahr recht, dass es möglicherweise die Beziehung zwischen einem transzendenten Gott einerseits und einer unsterblichen Seele andererseits gewesen ist, die die Entstehung des Individuums erst ermöglicht hat. Der einzelne Mensch als empirische Einheit, so Habermas, ist sich in dieser Zeit aber immer mehr davon bewusst, dass er ersetzbar ist, nicht nur in der Wirtschaft, sondern sogar in der Ehe! Die Vorstellung eines unersetzbaren Wertes des Individuums ist notwendig für eine humane Gesellschaft. Wenn der umgekehrte Gedanke allgemein gültig würde, könnte das vielleicht, so Habermas, das Ende der Identität der menschlichen Gattung bedeuten:

> Wenn dieses Bewusstsein [dass ein Mensch ersetzbar ist, HPdR], das man ebenso gut positivistisch wie, aus einer anderen Perspektive heidnisch nennen kann, allgemein würde, müsste sich wohl die Identität der Menschengattung ändern—vielleicht würden wir, um mich drastisch auszudrücken, tot umfallen.[20]

[17] Habermas, *Glauben und Wissen*, 23.

[18] ›Tatsächlich hat die Aufklärung eines nicht vermocht: das Bedürfnis nach Trost zu stillen oder zum versiegen zu bringen. Auch hat sie die zentrale Frage nicht beantwortet, ob denn von den religiösen Wahrheiten, nachdem die religiösen Weltbilder zerfallen sind, nicht mehr und nicht anders als nur die profanen Grundsätzen einer universalistischen Verantwortungsethik gerettet und das heißt: mit guten Gründen, aus Einsicht, übernommen werden können.› Habermas, *Die Neue Unübersichtlichkeit* (Frankfurt am Main, 1985), 51f.

[19] Habermas, *Glauben und Wissen*, 22, 30.

[20] J. Habermas, ›Legitimationsprobleme der Religion‹, in: J. Habermas, D. Sölle, H.G. Bahr, *et al.*, *Religionsgespräche. Zur gesellschaftlichen Rolle der Religion*

Wenn Menschen sich selbst und einander in zunehmendem Maße als Objekte wahrnehmen, kann man nicht mehr leben: ›Das will sagen: man kann offenbar mit einem extremen Grad der Selbstobjektivierung nicht leben‹.[21] Habermas' Bemerkung deutet darauf hin, dass die religiöse Sprache die antreibende Kraft für eine Bewegung sein kann, die die Menschheit vor dem totalen Untergang des Subjekts zu behüten vermag: ›Vielleicht kann diese Sprache das in Bewegung setzen, was man in Bewegung setzen müsste, um das Übergreifen von selbstobjektivierenden Interpretationssystemen aufzuhalten‹, formuliert Habermas 1974.[22]

Über 25 Jahre später, im Jahre 2001, schreibt er, dass die ›Vernaturwissenschaftlichung‹ des Denkens, die objektivierende Wahrnehmungen und die Verwendung von beispielsweise kausalen Erklärungen, die die Hirnforschung ermöglicht hat, große Risiken in sich tragen. Das Selbstverständnis, aber auch das Verstehen der Handlungen eines Anderen wird dadurch aus den sozialen Zusammenhängen gelöst—›ent-sozialisiert‹. Gedanken und auch Verhaltensweisen von Menschen werden biologisch erklärt. Aber damit wird ein prinzipieller Unterschied zwischen dem Verstehen von Verhaltensweisen und dem Billigen von Verhaltensweisen ausgeblendet. Der gesunde Menschenverstand soll zwar von der Wissenschaft lernen, sich aber nicht völlig von einem naturwissenschaftlichen Bild des Menschen vereinnahmen lassen.

Zweitens sind religiöse Traditionen für die Gesellschaft noch aus einem anderen Grund relevant. Habermas betont, dass Bürger in modernen Gesellschaften mehr und mehr an den Konversationen über die in einer Gesellschaft zunehmenden Entscheidungen teilhaben. Sie sind sich über moralische Dilemmata bewusst, nehmen an ethischen und politischen Debatten teil und äußern sich über die zukünftige Gestaltung der Gesellschaft. Wohin soll es gehen? Man braucht Visionen im Hinblick auf ein gutes Leben damit es diesen Gesprächen nicht an Inspiration mangelt oder man sogar das Risiko eingeht, langsam zu verkümmern. Für diese sogenannten ›praktischen Diskurse‹ braucht man richtungsweisende Visionen mit denen man das Leben, auch das individuelle Leben, als gutes Leben interpretieren kann.[23] In anderen Schriften knüpft Habermas

(Darmstadt/Neuweid, 1975), 9–31, sp. 15.

21 Habermas, ›Legitimationsprobleme der Religion‹, 15.

22 Habermas, ›Legitimationsprobleme der Religion‹, 29.

23 ›Könnte eines Tages ein emanzipiertes Menschengeschlecht in den erweiterten Spielräumen diskursiver Willensbildung sich gegenübertreten und doch des Lichtes beraubt sein, in dem es sein Leben als ein gutes zu interpretieren fähig ist?‹ Habermas, ›Bewusst machende oder rettende Kritik‹, in: Habermas, *Politik, Kunst und Religion. Essays über zeitgenössische Philosophen* (Stuttgart, 1986), 88.

eine ähnliche Verbindung zwischen einer kritischen Erinnerung an die Tradition und der kollektiven, post-traditionellen Identität einer immer komplexer werdenden Gesellschaft. Diese kollektive Identität hat einen reflexiven Charakter und die Entwicklung dieser Identität ist als fortwährenden Lernprozess zu betrachten.[24]

Drittens sieht Habermas gerade aufgrund der Vorbildwirkung, die diese haben können auch Möglichkeiten für die religiös inspirierte politische Rede *und* Praxis. Symbolik ist in der utopisch inspirierten Rede (›*I have a dream*‹) unverzichtbar. Zudem brauchen soziale Bewegungen exemplarische Handlungen. Habermas nimmt hier sogar den Begriff ›Zeugnis‹ in den Mund. ›Wichtig ist die über den Kreis der Beteiligten hinausgehende Signalwirkung, das, was man traditionell Zeugnisablegen genannt hat‹.[25]

Viertens ist kritische Erinnerung eine wichtige Kategorie für den Umgang mit der Vergangenheit. Habermas entlehnt den Begriff ›kritische Erinnerung‹ entlehnt einem Artikel des politischen Theologen Metz.[26] Kritische Erinnerung hat nicht nur für die Aneignung von Traditionen und Theorien eine Bedeutung, sondern auch dafür, dem erbrachten Opfer vergangener Generationen hinsichtlich der heutigen Generation gerecht zu werden. Die Utopie mag wichtig sein, genauso wichtig ist aber das Gedenken: ›Utopien sind wichtig (...) aber ebenso wichtig ist Erinnerung, aktives Wiedererinnern, Anamnese‹.[27]

Um gedenken zu können, brauchen wir Symbole. Nur so können wir die Verdienste der Menschen, die zu einer größeren Freiheit der Natur und Gesellschaft beigetragen haben, dem Schicksal der Vergessenheit entreißen. Das Verschwinden in die Vergessenheit wird von Habermas sehr bezeichnend als ›verloren sein‹ beschrieben. Ohne die Perspektive einer Anamnese, ›eines versöhnenden Gedenkens‹, so Habermas, wäre es als wäre nie ein Opfer erbracht worden, als wäre nicht entsetzlich gelitten worden, um das Heutige zu ermöglichen. Dieser Gedanke erfüllt mit Entsetzen: ›Es ist entsetzlich, sowohl für das vergangene Leid und die vergangenen Opfer, die ohne die Chance einer sühnende Erinnerung gleichsam verloren sind.‹[28]

[24] ›Auch die kollektive Identität ist heute nur noch in reflexiver Gestalt denkbar, nämlich so, dass sie im Bewusstsein allgemeiner und gleichen Chancen der Teilnahme an solchen Kommunikationsprozessen begründet ist, in denen Identitätsbildung als kontinuierlicher Lernprozess stattfindet.‹ Habermas, *Zur Rekonstruktion des historischen Materialismus*, 116.

[25] Habermas, ›Legitimationsprobleme der Religion‹, 30.

[26] Habermas, *Zur Rekonstruktion des historischen Materialismus*, 116.

[27] Habermas, *Die Neue Unübersichtlichkeit*, 68.

[28] Habermas, *Die Neue Unübersichtlichkeit*, 68.

Dabei ist Symbolik auch im Gedenken unverzichtbar. Wir werden zur ›anamnetischen Solidarität‹ verpflichtet, sagt Habermas. Diese vom jüdischen Philosophen Walter Benjamin stammende Einsicht hat für Habermas, gerade hinsichtlich der jüngeren deutschen Geschichte und deren Verarbeitung, große Bedeutung. Besonders in Deutschland darf die Erinnerung an das Leiden derer, die von den Deutschen ermordet worden sind, nie verblassen, so Habermas. Diese Solidarität soll, wie schwer das auch sein mag, von denen ausgeübt werden, die später geboren wurden. Die Toten haben ein Recht auf diese Solidarität, wie schwach sie auch erscheinen mag![29] Habermas nennt es eine ›höchst profane Einsicht‹.[30] Er deutet aber darauf hin, dass das Gerecht werden der Stimmen aus der Vergangenheit und des geschehenen Leides noch nicht ganz dem äquivalent ist, was die jüdischen und christlichen Traditionen versprechen, wenn sie vom jüngsten Gericht reden ...[31] Auch hinterlässt die ›verlorene Hoffnung auf Auferstehung‹ eine Leere.... Die Skepsis gegenüber der ›wiedergutmachenden Kraft‹ des Gedenkens ist berechtigt.[32] Das semantische Potential der Religionen ist noch nicht ausgeschöpft. Jüngst hat Habermas darauf hingedeutet, auch vom Potential religiöser Traditionen zur Artikulierung moralischer Intuitionen, insbesondere hinsichtlich schwacher Gemeinschaften, beeindruckt zu sein.

Fünftens soll die Philosophie ihre Tore zur Begrüßung der utopischen Inhalte religiöser Traditionen weit öffnen. Schon in früheren Schriften beschrieb Habermas die funktionelle Ausrichtung der Religion auf Emanzipation,[33] aber auch auf Befreiung und Versöhnung.[34] Sogar sein eigener Begriff der ›kommunikativen Rationalität‹ hat allererst in der Religion seinen Ausdruck gefunden. Die Intuition, die Habermas in seinem ganzen Denken geführt hat, findet ihren Ursprung in religiösen Traditionen, ja sogar in der protestantischen und jüdischen Mystik.

[29] ›Diese Toten haben erst recht ein Anspruch auf die schwache anamnetische Kraft einer Solidarität, die Nachgeborene nur noch im Medium der immer wieder erneuerten, oft verzweifelten, jedenfalls umtreibenden Erinnerung üben können.‹ Habermas, ›Vom öffentlichen Gebrauch der Historie‹, in: Habermas, *Eine Art Schadensabwicklung* (Frankfurt am Main, 1987), 141.

[30] J. Habermas, *Der philosophische Diskurs der Moderne* (Frankfurt am Main, 1988), 24.

[31] J. Habermas, ›Moralität und Sittlichkeit. Treffen Hegels Einwände gegen Kant auch auf die Diskursethik zu?‹, in: W. Kuhlmann (ed.), *Moralität und Sittlichkeit* (Frankfurt am Main, 1986), 16–347, sp. 31.

[32] Habermas, *Glauben und Wissen*, 25.

[33] Habermas, *Philosophisch-politische Profile*, 31.

[34] Habermas, *Philosophisch-politische Profile*, 30.

> Ich habe eine (...) grundlegende Intuition. Diese geht übrigens auf religiösen Traditionen, etwa der protestantischen oder der jüdischen Mystik zurück, auch auf Schelling.[35]

Es sind die Vorstellungen, die zu einer gelungenen von Zwang befreiten Interaktion gehören, zu einer ›unbeschädigten Intersubjektivität‹. Im Begriff der kommunikativen Rationalität, in dem das Verfahren des Diskurses einen gegenseitigen Konsens über Wahrheit oder normative Richtigkeit ermöglichen soll, finden wir eine vereinende Kraft.[36] Habermas spricht dabei übrigens lieber nicht von einer Utopie, sondern von einer ›formalen Antizipation‹. An mancher Stelle weist er dabei auch auf den alttestamentlichen Begriff des Verbundes hin. Seiner Ansicht nach waren es die amerikanischen Theoretiker Peirce und George Herbert Mead, denen Habermas vieles verdankt, die dieses religiöse Motiv der Bundesgemeinschaft auf ein höheres philosophisches Niveau brachten.

Zum Schluss bleiben noch zwei Fragen offen. Zum Ersten: Was meint Habermas, wenn er von einer ›rettenden Übersetzung‹ spricht? Zum Zweiten: Wer sind die ›Übersetzer‹?

Was das Erste anbelangt: Retten ist für Habermas, das Einbeziehen religiöser Begriffe in das Gespräch oder in das Denken und zwar in einer Weise, die es dem Anderen, dem Nicht-gläubigen, erlaubt, sich in dieser Sprache zu erkennen. In einer Diskussion versucht man zur Übereinstimmung, zum Konsens darüber zu gelangen, was die Bedeutung religiöser Kernbegriffe in einem säkularisierten, profanen Kontext sein könnte. 1974 spricht Habermas noch von ›Akzeptierbarkeit‹. Ist religiöse Sprache, mit Begriffen wie ›Heil‹ und ›Erlösung‹ in bestimmten Situationen ›noch akzeptabel‹?[37] Auch in einem späteren Gespräch aus dem Jahre 1988 mit Theologen, plädiert Habermas vehement für die Umdeutung religiöser Erfahrungen in profane, rationale Einsichten. Es ist relevant, dass Habermas, sowohl in älteren, wie auch in jüngeren Schriften, die Handlung der rettenden Übersetzung als wesentlich für die Weiterführung einer *Tradition* bezeichnet. So behauptet er 1974, dass das Gespräch über die Akzeptierbarkeit religiöser Sprache nicht dazu dient, der Religion religiöse Begriffe wegzunehmen um diese vor dem Verschwinden zu behüten,

[35] Habermas, *Die Neue Unübersichtlichkeit*, 202.

[36] Habermas, *Diskurs der Moderne*, 366.

[37] ›Es kommt darauf an, ob es in der auf eine bestimmte Lebenspraxis bezogenen Rede in einer bestimmten Situation noch akzeptabel erscheint, daß man in einer Sprache redet, in der solche Grundbegriffe wie Heil oder Erlösung auftreten.‹ Habermas, ›Legitimationsprobleme der Religion‹, 22.

sondern sie dient als Medium zur Übertragung der Tradition.[38] An dieser Stelle ist es wichtig auf die Bedeutung hinzuweisen, die Habermas der Übertragung von Traditionen beimisst. Im Hören der Stimmen der Tradition, in den Versuchen, die semantische Ladung von Kunst und Religion frei zu setzen, sieht Habermas eine reflexive Aneignung der Tradition. Nur durch diese ›rettende Kritik‹ kann einer *posttraditionellen* kollektiven Identität Inhalt verliehen werden. Man beugt sich dabei nicht ohne Weiteres der Autorität der Tradition, oder entscheidet sich für eine einzige Tradition oder für das Ganze einer Tradition. Denn man kann, so Habermas, die Ansprüche (von Teilen) einer Tradition auch zurückweisen und aus guten Gründen ›nein‹ sagen. Eine beginnende Einsicht kann auch eine Ablehnung beinhalten.[39] Früher, in der Zeit des großen Wandels in den sechziger Jahren, schrieb er schon, dass man sich eine kulturelle Tradition kritisch aneignen sollte. Schon 1969 führt Habermas dies den Kulturreformern vor Augen. Eine kulturelle Überlieferung wird durch Kritik lebendig gehalten. Traditionen ›leben von der Kraft der Überzeugung‹.[40] Sogar dem Begriff ›Kultur‹ misst Habermas diese Bedeutung bei. Kultur ist eine Form der Dauerreflexion auf ›flüssige‹, das heißt, bereits vorher reflexiv gewordene Traditionen.[41]

Die Entwicklung dieser kritischen Hermeneutik gilt für die Religion ebenso wie für die Kunst, behauptet Habermas schon 1962. Im Gespräch über die Bedeutung der Religion und der Kunst—achten Sie auf die Übereinkunft zwischen ästhetischer und religiöser Erfahrung—werden beide profanisiert. Auch das Kunstwerk erschloss seine Bedeutung zuallererst in einer kultischen Umgebung. Die Kunst hat ihren Platz im Kultus. Im Moment, in dem alle Kunst für alle zugänglich wird, verliert sie ihren sakralen Charakter.[42] Die Kunst hat ihre Aura verloren! Der esoterische

[38] ›Deshalb können wir die diskursive Rede auch als Medium der Traditions*fortbildung* [Kennzeichnung Habermas] in dem Sinne verstehen, dass man sich über die Akzeptabilität solcher Sprachen verständigt.‹ Habermas, ›Legitimationsprobleme der Religion‹, 22.

[39] ›Gadamer verkennt die Kraft der Reflexion, die sich im Verstehen entfaltet.‹ Habermas, *Zur Logik der Sozialforschung*. Frankfurt am Main, 303. Und weiter: ›(…) die Kraft der Reflexion, die sich doch darin bewährt, dass sie den Anspruch von Traditionen auch abweisen kann.‹ J. Habermas, *Zur Logik der Sozialwissenschaften* (Frankfurt am Main, 1982), 305.

[40] Habermas, *Der philosophische Diskurs der Moderne*, 401.

[41] Habermas, *Der philosophische Diskurs der Moderne*, 299.

[42] ›Die Privatleute, denen das Werk als Ware zugänglich wird, profanieren es, indem sie autonom, auf dem Wege der rationellen Verständigung untereinander, seinen Sinn suchen, bereden und damit aussprechen müssen, was eben in der Unausgesprochenheit solange autoritative Kraft hatte entfalten können‹. J. Habermas, *Strukturwandel der Öffentlichkeit* (Frankfurt am Main, 1962), 50.

Bann ist gebrochen. Die Kunst wird zum Gegenstand der öffentlichen Meinung. Habermas entleiht (besser: entlehnt) seine Einsichten abermals dem Denken Walter Benjamins, der im gleichen Zusammenhang von der ›Politisierung‹ der Kunst spricht. *Mutatis mutandis* geht es nach meiner Meinung in Habermas' ›rettender Übersetzung‹ religiöser Konzepte zum Nutzen der Gesellschaft um eine ›Politisierung der Religion‹.

Zum Zweiten: Wer sind die ›Übersetzer‹? Von religiösen Bürgern können wir nicht erwarten, dass sie den Schritt der Übersetzung alleine gehen. Politische Gesichtspunkte, die sie vertreten, müssen nicht unbedingt unabhängig von ihren religiösen Überzeugungen gerechtfertigt werden. In Betracht der integrierenden und totalisierenden Rolle, die der Glaube für sie spielt, kann man das nicht von ihnen fordern. Letztendlich können wir das nur von Politikern verlangen, von Menschen also, die eine öffentliche Funktion ausüben. Es gibt eine institutionelle Schwelle, einen Filter, der die öffentliche Domäne vom Parlament, vom Gerichtssaal, von den Ministerien und den Formen der Verwaltung trennt. Gesetzgebung und Gesetzesvollzug erfordern eine für jeden verständliche Sprache. Für den öffentlichen Raum ist es aber, wie wir gesehen haben, von größter Bedeutung, dass es religiöse Stimmen gibt und dass religiöse Gemeinschaften von sich hören lassen. Die Gesellschaft würde sich sonst möglicherweise den Zugang zu äußerst wichtigen Quellen der Identitätsbildung und Sinngebung verwehren. Aus dem Grund ist Übersetzung für Habermas eine kooperative Aufgabe, eine gemeinsame Herausforderung religiöser *und* nicht-religiöser Bürger. Beide Gruppen können von Religionen lernen.

Mitwirkende Autoren

Dr. Csaba Balogh, Lektor für Altes Testament, Protestantisch-theologisches Institut, Klausenburg/Cluj-Napoca, Rumänien

Prof. Dr. Henk de Roest, Professor für Praktische Theologie, Protestantische theologische Universität, Groningen, Niederlande

Eliška Havelková, Mag., Doktorandin Neuen Testaments, Evangelisch-theologische Fakultät, Karlsuniversität, Prag, Tschechische Republik

Dr. Elod Hodossy-Takács, Dozent für Biblische Theologie, Reformierte theologische Universität Debrecen, Debrecen, Ungarn

Petr Jandejsek, Mag., Doktorand Systematische Theologie, Evangelisch-theologische Fakultät, Karls-Universität Prag, Tschechische Republik

Prof. Dr. Leo J. Koffeman, Professor für Kirchenrecht und Ökumene, Protestantische theologische Universität, Amsterdam, Niederlande

Prof. Dr. Zoltán Kustár, Professor für Altes Testament, Reformierte theologische Universität Debrecen, Debrecen, Ungarn.

Dr. Jan Roskovec, Dozent Neues Testament und Direktor des Zentrums für biblische Studien, Evangelisch-theologische Fakultät, Karlsuniversität, Prag, Tschechien

Dr. Jo Spaans, Wissenschaftlicher Mitarbeiter für die Geschichte des Christentums, Universität Utrecht, Utrecht, Niederlande

Dr. Gert J. van Klinken, Dozent Kirchengeschichte, Protestantische theologische Universität, Amsterdam, Niederlande

Dr. Willem van Vlastuin, Wissenschaftlicher Mitarbeiter für Systematische Theologie, Freie Universität, Amsterdam, Niederlande